教育部人文社科基金
“我国商业银行内部风险控制与外部监管的激励相容机制设计”
（编号08JA790056）项目资助

商业银行内部风险控制与外部监管的激励相容机制研究

蒋　海◎著

暨南大學出版社
JINAN UNIVERSITY PRESS
中国·广州

图书在版编目（CIP）数据

商业银行内部风险控制与外部监管的激励相容机制研究/蒋海著. —广州：暨南大学出版社，2012.12
ISBN 978-7-5668-0405-1

Ⅰ.①商… Ⅱ.①蒋… Ⅲ.①商业银行—风险管理—研究—中国 ②商业银行—银行监管—研究—中国 Ⅳ.①F832.33

中国版本图书馆 CIP 数据核字(2012)第 260452 号

出版发行：暨南大学出版社

地　址：中国广州暨南大学
电　话：总编室（8620）85221601
营销部（8620）85225284　85228291　85228292（邮购）
传　真：（8620）85221583（办公室）　85223774（营销部）
邮　编：510630
网　址：http：//www.jnupress.com　http：//press.jnu.edu.cn

排　版：广州市天河星辰文化发展部照排中心
印　刷：佛山市浩文彩色印刷有限公司

开　本：787mm×960mm　1/16
印　张：9.25
字　数：116 千
版　次：2012 年 12 月第 1 版
印　次：2012 年 12 月第 1 次

定　价：25.00 元

前　言

中国经济正步入金融改革的关键和重要时期，金融市场的全面开放已提上了议事日程，任何金融风险事件和不安全因素都会直接影响到中国金融市场的全面开放和改革进程，因而维护金融体系的安全与稳定在这一时期显得尤为重要。其中，作为中国金融业主体的商业银行的风险控制与有效监管构成了金融市场稳定的基础与核心。从该领域的研究文献和成果来看，关于银行风险管理及外部监管的研究已经较为深入，成果也非常丰富，但是大部分研究是将银行和监管当局作为“猫和老鼠”的关系进行研究的，忽略了商业银行与监管当局在风险控制上的激励相容，因而关于这方面的研究成果较少，尚处于起步阶段，没有形成完整的理论分析框架，属国内外研究的前沿问题。从现实来看，监管当局与商业银行之间的信息不对称，决定了两者激励相容的必要性。如果两者在风险控制上激励不相容，将不可避免地出现银行的道德风险问题或监管当局的监督成本过高的问题，而且激励不相容程度越大，银行的道德风险问题就越严重，监管当局需要支付的监督成本就越高。因此，商业银行内部风险控制与外部监管的激励相容机制的科学设计与建立，对于降低监管当局的监督成本，提高监管效率，有效遏制银行的道德风险和过度风险承担的问题，从而维护金融体系的安全与稳定，都是非常重要的，同时也具有较高的学术价值。

基于上述认识，本书在对国内外相关文献和研究成果进行归纳、梳理和总结的基础上，综合运用金融学、信息经济学、激励机制设计理论、风险管理理论及计量经济学的基本方法，对商业银行内部风险控制与外部监管的激励相容机制进行了理论上的分析和探讨；并采用中国上市银行的非平衡面板数据，对商业银行风险控制激励和监管当局监督激励的关系进行了实证分析；同时，针对中国银行业及其监管的实践，对建立中国激励相容的银行监管机制进行了分析和探讨，提出了相关的政策措施与建议。

本书共分六章，主要研究内容和结论包括以下几个方面：

第一，分析了信息不对称条件下商业银行与监管当局在风险控制上的激励冲突及其造成的社会福利损失和监管失灵，从理论上解释了当前银行监管失灵的原因，同时也论证了通过合理的监管制度安排，建立激励相容的银行监管机制，是降低监管成本、提高监管效率的前提，也是维护金融体系稳定与安全的基石。

第二，通过建立资本监管的激励相容模型、借鉴 Merton（1977）的期权定价模型和 Kupiec 等（1997）的预先承诺机制（Pre －Commitment Approach，PCA）的理论及其拓展模型，全面地分析了资本监管、预先承诺制、存款保险制度三种机制的激励相容特征和条件。结果表明，信息不对称条件下通过对上述三种机制的最优设计，可以实现商业银行内部风险控制与外部监管的激励相容。

第三，从银行治理机制的角度，在归纳出商业银行治理的两个基本特征（多重委托代理和多任务性）的基础上，结合 Holmstrom & Milgrom（1991）的多任务委托代理模型，构建了一个存在政府监管的由银行承担多项任务的双重委托代理模型，同时对银行的最优及次优激励问题进行了分析。结果表明，在信息完全条件下，委托人之间不存在激励冲突，由银行股东和监管当局各自提供最优激励契约，与由单一委托人（股东）同时为两项任务提供最优激励契约，是完全相同的，即多个委托人行动一致等同于单一委托人。但是，如果信息不对称，监管当局提供的激励不足（监管当局与银行在风险控制上存在激励冲突）时，银行将忽略对风险的控制，而将主要精力放在银行业绩上。

第四，运用中国 14 家上市银行的非平衡面板数据，对中国商业银行和监管当局在风险控制上的激励冲突问题进行了实证研究。结果发现，中国上市银行已普遍建立起了与银行业绩，尤其是与规模报酬（ROA）相关联的薪酬激励制度，但尚未建立起与风险控制相联系的激励约束机制，银行与监管当局之间存在激励冲突。当监管当局在风险控制上提供的激励不足时，会导致银行高管将过多精力放在经营业绩上，从而忽视了风险控制方面的努力，这给银行的长期健康发展带来不利影响。

第五，在理论分析和实证研究的基础上，结合中国银行业的发展现状与趋势，从资本监管、预先承诺制、存款保险制度、银行风险管理的补偿制度等多个角度对中国商业银行内部风险控制与外部监管的激励相容机制设计进行了探讨，并提出了具有针对性的政策措施与建议：①在完善银行业信息披露制度、积极推进银行监管透明度的基础上，进一步完善商业银行的公司治理机制和激励约束机制；②通过借鉴国际经验和《巴塞尔协议Ⅲ》的规定与要求，进一步完善中国的银行监管体系，形成银行监管的激励相容机制；③在积极推进中国显性存款保险制度的建立和实施的基础上，通过科学的机制设计和合理的存款保险费率与赔付率的设定，形成激励相容的存款保险制度；④在条件成熟的情况下，尽快建立和实施商业银行的预先承诺机制和风险管理的补偿制度，激励商业银行更好地控制和管理风险，从而确保银行体系的稳定。

目　录

1 导 论

1.1 问题的提出

2007年爆发的美国次贷危机在很短的时间里就迅速扩散到其他国家和地区，引起了全球的金融动荡，并最终演变成全球金融危机，许多国际著名的商业银行、金融机构等都被卷入这场金融海啸，其中美国就有10 500多家银行在金融危机中陷入了倒闭浪潮——这已经接近美国银行总数的一半。金融危机对全球金融业，尤其是银行业，造成了严重的冲击。毫无疑问，这是继20世纪30年代大萧条以来最为严重的一次世界性金融危机，各国金融业为此付出了惨重代价，这给世界经济的健康持续发展带来了沉重的打击，也将各国决策部门和学界的目光重新聚焦到金融监管上来。各国政府和研究人员开始反思当前的金融监管政策，并对金融危机的成因及今后的金融监管体制改革进行了大量的研究和探索。

目前学术界普遍认为，引发近期全球金融危机的深层次原因之一是各国政府在世界经济一体化、金融全球化与自由化浪潮下，没有对金融市场进行有效的监管和干预，尤其是存在重大缺陷的银行监管机制没有形成有效的激励约束机制。由于美国等危机国家未能有效防范金融风险，致使金融危机毫无预警地爆发与蔓延，同时在应对危机上又显得过于仓促，捉襟见肘，使危机国家监管当局的信誉和能力受到社会各界的质疑。因而各国当局和学术界在对当前金融监管体系进行反思的基础上，纷纷对金融安全网和金融监管体制作出重大改革，如成立金融稳定局，将金融安全网覆盖到非银行类金融机构，提高存款保险金额，扩宽存款保险范围，同时加大金融监管力度，重视规则监管并强调监管的国际合作等（蒋海、李赟宏，2009），并最终于2010年底出台了《巴塞尔协议Ⅲ》。

然而完善的银行监管体制并不是一蹴而就的，回顾主要市场经济国家银行监管多年来的发展历程可以看到，监管当局对每一时期进行的监管体制改革所起到的稳定金融市场的作用都寄予了厚望、充满了信心。但是，金融市场的复杂性及监管过程中监管当局与商业银行之间信息的严重不对称性，注定了循序渐进但曲折的金融监管改革发展道路。以主要市场经济国家为例，20世纪30年代以前，自由银行业制度盛行，金融市场的自我管理是当时银行监管的主要方式。30年代大萧条后，市场自我调节的缺陷暴露无遗，银行业的金融脆弱说及其监管的公共利益论成为主流。美国政府率先建立了存款保险制度，并将商业银行与投资银行严格区分开来，对金融业实施了非常严格的监管，积极拯救经济危机中濒临崩溃的银行体系（张强、奈桂荣，2006），同时也建立起了真正意义上的金融监管体系。这种由政府主导的金融监管体系在一定程度上保护了储户的利益，为有效防止银行挤兑风潮的发生与蔓延、提高公众对银行体系的信心和维护金融稳定发挥了重要的作用（Fama，1980；Diamond，1984）。因此，许多市场经济发达国家及部分发展中国家相继参照美国模式，建立了自己的金融监管体系。随着经济形势、金融制度、金融创新的不断发展变化，金融监管体系也得到不断完善，在金融监管检查、金融风险控制和危机预警方面体现出了显著成效。但与此同时，市场约束的作用也逐渐被淡化和忽略。

大量的经验事实表明，随着政府对银行业的过度严格管制，银行的活力与效率也逐渐降低，并且导致了银行业的集中和垄断。20 世纪 60 年代，金融自由化思潮逐渐兴起，规避管制的金融创新也不断涌现，放松金融管制、恢复银行业自由竞争、提高银行业效率的主张逐渐占据主导地位，政府对银行业的监管又趋于放松。美国储贷危机后，存款保险制度因产生了银行业普遍的道德风险问题而备受质疑。如 Grossman（1992），Wheelock（1992），Thies 和 Gerlowski（1989），Demirguc-Kunt 和 Detragiache（2002）对存款保险与道德风险相关性的实证检验表明，两者存在正相关关系，即存款保险制度容易诱使银行进行高风险资产配置和投资。美国储贷危机、东南亚金融危机及英国巴林银行的倒闭等都充分表明，现行的金融监管体系不但没有有效遏制银行的冒险行为和金融危机的爆发，反而产生了严重的道德风险问题并使金融风险不断积累，因而，金融危机的破坏力越来越大。在金融危机频繁爆发的背景下，美国等主要西方发达国家不得不重新对银行监管失灵和金融安全网诱发的道德风险等问题进行反思，从而深刻地认识到，监管与市场约束有效结合、安全与效率并重的银行监管模式才能适应银行业创新发展的要求。《巴塞尔协议Ⅱ》的出台强调了市场约束在银行监管中的重要地位，同时激励相容的银行监管设计也提上了议事日程（邵正理等，2006）。银行监管的激励相容理念得到了越来越全面的诠释，并日益受到了监管当局和学术界的重视。在该理念下，各国监管当局都对金融监管体制进行了重大改革与调整。

首先，《巴塞尔协议Ⅱ》中的资本充足率要求满足了监管当局对银行实行差异化监管的需要，为激励相容的监管提供了一种实现机制。充足的资本水平被认为是维护金融体系安全与稳健的关键和基础，而《巴塞尔协议Ⅱ》提出的银行资本充足性监管要求为此提供了可能。一方面，该协议要求各银行，特别是大型商业银行建立自己的内部风险评估机制，并运用自身的内部评级系统决定其资本水平，即新资本协议在一定程度上赋予了银行选择不同风险管理体系的自由，选择难度更大的风险管理体系的银行，其所需配置的资本金相对较少；另一方面，该协议提出了一个"标准化方案"，建议各银行借用外部评级机构，特别是专业评级机构对贷款企业的风险进行评级，然后依据外部评级评估银行面临的风险水平，并据此计提相应的风险准备金，以降低银行的贷款风险。近期全球性金融危机爆发后，银行资本充足率的重要性再次引起重视，2010 年新出台的《巴塞尔协议Ⅲ》更具前瞻性，它对银行资本质量提出了更严格的要求，进一步提高了银行资本充足水平，将一级资本充足率的下限从现行的 4% 上调至 6%，将"核心"一级资本占银行风险资产的下限从现行的 2% 提高到 4.5%，增设了总额不得低于银行风险资产 2.5% 的"资本防护缓冲资金"，并提出了 0～2.5% 的逆周期资本缓冲区间。这一改革较之 1988 年《巴塞尔协议Ⅰ》所倡导的单一的 8% 的资本充足率要求，可以更好地协调银行经营目标与监管目标的一致性。

其次，《巴塞尔协议Ⅱ》要求监管机构根据银行的风险状况和外部经营环境，对银行的资本充足率实行严格监管，同时要求银行建立严格的内部评价体制，以有效管理自己的资本需求。这些要求为实现银行监管的激励相容提供了有力保障，因为银行可以依据自身的风险承担水平，选择合理的内部评价机制和资本充足率水平，而监管者则可以对每个单独的银行进行监管，特别是在评价银行管理者和董事会是否有能力安排自己的资本需求及是否对不同的风险采取相应措施等方面，可以区别对待并及时进行干预。可见，《巴塞尔协议Ⅱ》不仅使银行在选择内部风险管理框架方面拥有了更大的自主权和灵活性，也使监管机构可以根据银行业务的复杂性和风险程度、管理水平、经营业绩等来确定不同的监管要求，为实现激励相容的监管、提高监管效率创造了条件（巴曙松，2007）。

最后，无论是《巴塞尔协议Ⅱ》，还是改进后的《巴塞尔协议Ⅲ》，都强调了市场纪律在约束银行风险承担激励方面的重要性，而该协议已成为全球大部分国家实施银行监管的纲领性文件，从而为监管部门建立激励相容的监管体系提供了良好的环境和条件。激励相容的监管机制实质上就是通过在银行监管中引入市场约束机制，形成银行的风险控制激励和自我约束，从而实现监管当局与商业银行在风险控制目标上的一致和激励相容。一般而言，经营稳健的银行在融通资金时，可以从投资者、债权人、存款人及其他交易对手那里获得更具竞争优势的价格和条件；而经营风险较高的银行要获得资金则必须支付更高的风险补偿、提供额外的担保或采取其他安全措施，这种市场奖惩机制使那些经营风险较高的银行在市场竞争中处于不利地位，从而驱使银行实行更有效的资金分配和风险控制。同时，完善市场约束机制，一方面可以使市场参与者根据可靠、全面的信息对银行的安全性作出较为准确的判断；另一方面也要求银行必须完善信息披露制度，及时公开资本结构、风险敞口、资本充足比率及风险管理战略等信息。所以，在银行监管中强化市场约束机制的作用，一方面可以利用市场力量来促使银行实行稳健经营、保持充足的资本水平；另一方面可以激励投资者、债权人、存款人及其他利益相关者对银行的安全进行监督。

总之，银行监管从《巴塞尔协议Ⅰ》到《巴塞尔协议Ⅱ》，再到《巴塞尔协议Ⅲ》的过程，进一步揭示了激励相容的监管机制在提高监管有效性、维护银行体系稳定方面的基础性作用，同时也引领着各国的银行监管朝着“激励相容”不断迈进。中国的金融监管改革步入了关键时期，一方面金融市场已逐步全面开放，另一方面金融监管的改革相对滞后。为了避免重蹈西方发达国家之覆辙，积极吸取国际金融业发展及其监管的经验教训，借鉴成功经验，建立符合中国银行业发展实际的激励相容的银行监管体系是非常必要的，也是中国当前亟待解决的重大现实问题。

1.2 研究意义

在美国次贷危机、欧债危机相继爆发、全球经济陷入衰退的背景下，中国的经济和金融业却仍然保持了较快的发展和较强的盈利能力。无疑，这给正处于改革发展阶段的中国银行业带来了机遇，但同时也使其面临着许多挑战。温州的债务危机事件及其金融改革试点，给了我们众多启示。其中，如何在扩大金融市场、使其全面开放的同时，保持金融体系稳定，维护银行业的稳健运行和健康发展，是当前决策当局需要解决的首要问题。

虽然中国的金融监管改革已经取得了一定的成就，但改革中仍然忽略了一些重要环节，如商业银行与监管部门在风险控制中的激励相容问题、监管部门提供有效的监管激励的问题、金融监管中的市场约束机制问题等，而这些问题能否解决直接决定了金融风险控制的有效性及其成本的高低，从而影响到金融资源的配置效率和监管效率。在近期的全球性金融危机中，中国银行业受到的冲击相对较小，但这并不意味着中国在银行监管改革上已经到位，相反，中国银行业在有效控制风险方面难度仍然较大，银行监管当局依然面临着严峻考验。我国银行业近些年来不良资产比率有所抬头和屡见不鲜的金融犯罪案件也充分印证了这一点。

如表 1－1 所示，被银监会查处的银行业金融机构违规金额总体上呈上升趋势；受到处罚的违规银行业金融机构在 2009 年出现了爆发式增长，之后数量虽然有所下降，但依然较大；被免职的银行高级管理人员数量虽总体上呈下降趋势，但仍不可小觑。

在中国金融业改革和发展的关键时期，不仅需要稳定的金融环境作支撑，而且也离不开中国实体经济的平稳快速增长。众所周知，实体经济与金融市场之间唇齿相依，实体经济的发展也离不开金融业（尤其是银行业）的大力支持。目前，中国经济正处于转型升级阶段，受近期全球金融危机、欧债危机的影响及国内经济结构、环境资源的约束，经济增长出现放缓迹象。同时微观经济主体，特别是中小企业的业绩明显下滑，面对这一经济发展现状，如何通过银行业的进一步改革，提高商业银行的资源配置效率，支持实体经济的持续快速发展，仍然是银行业面临的艰巨任务。当然，银行业的改革发展离不开高效率的监管体系和稳定的金融市场环境。

表 1－1 银行业金融机构现场检查情况表（2003—2011 年）

项目＼年份	2003年	2004年	2005年	2006年	2007年	2008年	2009年	2010年	2011年
查处违规金额（亿/元）	1 768	5 840	7 671	10 147	8 555	12 883	11 514	15 370	12 634
处罚违规银行业金融机构（家）	1 512	2 202	1 205	1 104	1 360	873	4 212	2 312	1 977
各类现场检查取消高级管理人员任职资格（人）	257	244	325	243	177	78	86	49	66
现场检查平均机构覆盖率（%）	28	36	34	35	42	24	30	27	19

数据来源：中国银行业监督管理委员会 2011 年报。

综上所述，建立激励相容的银行监管机制，对于不断扩大开放的中国金融市场具有深远而特殊的理论与现实意义。研究表明，只有妥善处理好社会公众与监管当局之间、监管机构与金融机构之间的激励冲突，形成它们之间的激励相容机制，才能真正激发商业银行和金融机构的风险控制激励，增强自身风险防范意识和风险抵御能力，提高银行监管效率，建立适合我国金融业发展的银行监管体系。然而，目前关于该问题的研究成果尚不丰富，也不成体系，仍需要在理论上进行深入分析和探讨，为银行监管的实践提供必要的理论指导。

基于上述认识，本书对商业银行内部风险控制与外部监管的激励冲突和激励相容理论及模型进行了系统分析，在此基础上对商业银行内部风险控制与外部监管之间的最优激励问题和机制设计进行了实证分析和理论探讨，并提出了建立符合我国实际的激励相容监管机制的制度安排与政策建议。

1.3 研究内容

本书综合运用金融学、信息经济学、激励理论及风险管理理论，研究了商业银行内部风险管理与外部监管之间的激励相容机制问题。首先对商业银行内部风险控制和外部监管之间的激励冲突与激励相容的理论进行一般性分析，在此基础上借助资本监管、预先承诺制度、存款保险制度三个激励相容机制的理论模型及商业银行最优激励契约的多重委托代理多任务模型，对商业银行风险控制最优激励契约的均衡条件和次优条件进行深入探讨，并利用中国上市银行的非平衡面板数据对上述结论进行实证研究，最后根据实证分析结果和中国银行业发展及其监管的实际，对中国商业银行内部风险控制与外部监管的激励相容机制的设计进行分析和探讨，并提出相关政策建议。全书共分为五个部分，共六章（见图1-1）。

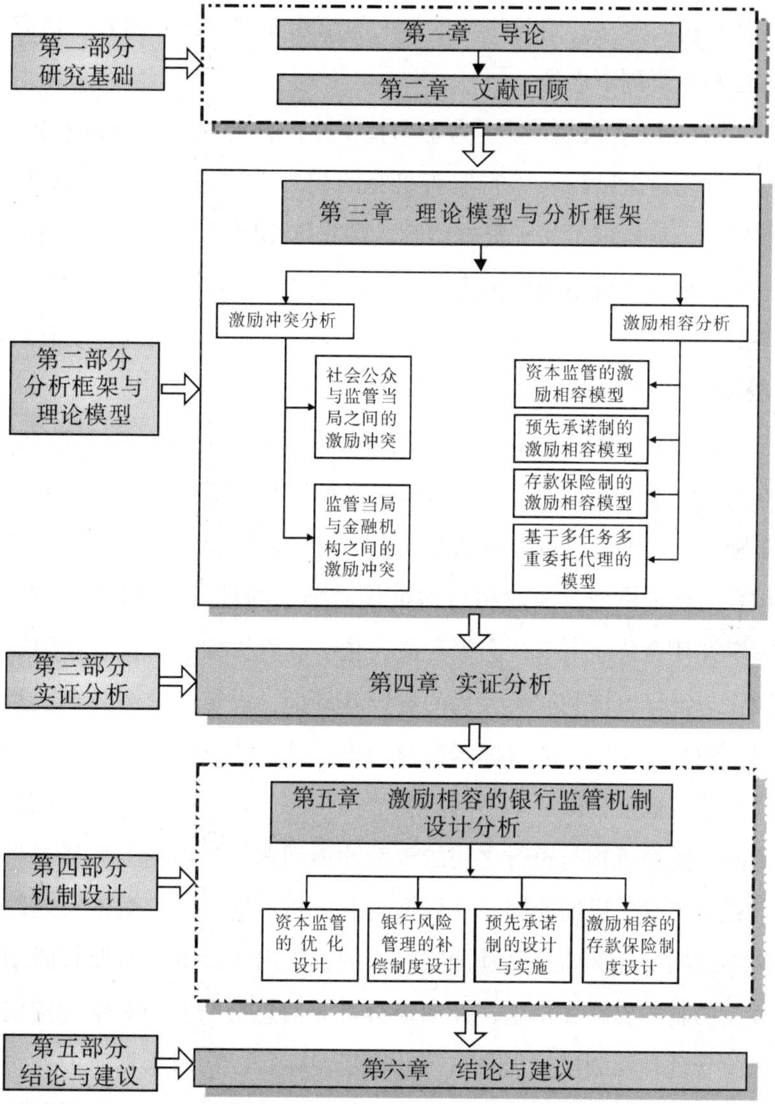

图1-1 全书结构安排

第一部分是研究框架和研究基础，包括第一章和第二章。

第一章（导论）提出了全书的研究背景，对银行监管的激励相容机制的发展历程进行了简要回顾，分析了该研究的重要理论价值和现实意义，简要归纳了本书的结构安排、研究内容、研究方法和主要创新之处。

第二章（文献回顾）为本书接下来的研究奠定了理论基础。本章首先对激励相容银行监管机制的相关文献进行了归纳总结，然后进一步梳理了关于资本监管、预先承诺制度、存款保险制度三个激励相容机制的相关研究成果，并进行了较为全面的综述和评价，同时以此为基础提出了本书要解决的问题、国内外现有研究成果之间的逻辑继承性和创新性。

第二部分即第三章（理论模型与分析框架），这是本书的重点之一。本章在对商业银行内部风险控制与外部监管激励冲突与激励相容的理论进行分析的基础上，对银行监管激励冲突与激励相容的理论模型及商业银行的最优激励契约进行了分析。首先，本章在社会公众追求社会福利最大化、监管机构追求自身效用最大化与银行追求利润最大化的假设基础上，设定了社会公众、监管机构与商业银行的目标函数与约束条件，建立了一个多层委托代理分析框架，论证了不同信息结构条件下社会公众与监管机构之间、监管机构与银行之间的激励冲突问题，从理论上解释了当前银行监管失灵的原因，并根据均衡分析的结果，针对银行内部风险控制与外部监管激励冲突的成因，提出了降低银行监管激励冲突的基本思路和措施，如加强银行业信息透明度、对银行实施风险管理补偿制度、加强银行业市场纪律等。同时本章对商业银行内部风险控制与外部监管的激励相容理论模型进行了分析和探讨。此框架囊括了四个银行监管的激励相容模型：①资本监管的激励相容模型，这是本书的主要创新之一。假设监管者属风险规避型，追求银行体系风险最小化，而银行体系风险水平是监管当局努力程度和商业银行控制风险努力程度的递减函数，资本充足率是商业银行控制风险努力程度的递增函数，据此设定监管部门的目标函数与约束条件，论证不同信息结构条件下银行内部风险控制与外部监管实现激励相容的最优资本充足率水平。结果表明，信息结构对银行监管的激励相容条件有重要影响，但无论信息结构如何，只要监管当局设置的最低资本充足率与金融机构自身决定的最优资本充足率一致，银行监管的激励相容就可以实现。②预先承诺制的激励相容模型。本节在 Kupiec 和 Brien 研究基础上，借助陈珠明与陈建梁（2001）的约束最小化预先承诺制模型和鲁志勇与于良春（2005）的预先承诺制模型，对银行监管的激励相容机制进行了研究。前者的分析表明，不论信息是否完全，偏好风险的银行资本充足率一定高于规避风险的银行；而后者的分析表明，要实现监管的激励相容，需要对资产风险分布不同的银行实行差别监管。根据理论模型分析结果，本节总结了预先承诺制的激励相容特性，如降低监管机构与银行的成本、增强银行信息的真实性、提高银行风险管理水平、促进市场约束与政府监管的结合、给予银行灵活发展的空间等。③存款保险制度的激励相容模型。本节首先简要介绍了存款保险制度的作用和我国建立显性存款保险制度的必然性和紧迫性，然后着重讨论了利用 BS 期权定价模型来确定存款保险的公允价值的方法及其修正估计方法，主要结论是：BS 期权定价法可以使存款保险机构根据商业银行自身承担的风险水平对其实施差别费率，促使商业银行调整自身的风险承担水平，从而实现存款保险机构与商业银行的激励相容。④多任务多重委托代理模型，这也是本书的主要创新之处。本节从银行治理机制的角度，在归纳出商业银行治理的两个基本特征（多重委托代理和多任务性）的基础上，结合 Holmstrom & Milgrom 的多任务委托代理模型，构建了一个存在政府监管的、银行承担多项任务的双重委托代理模型，同时对银行的最优及次优激励问题进行了分析。结果表明，在信息完全对称的条件下，委托人之间不存在激励冲突，由股东和监管当局各自提供最优激励契约，与由单一委托人（股东）同时为两项任务提供最优激励契约是完全相同的，即多个委托人行动一致等同于单一委托人。但是，如果信息不对称，监管当局提供的激励不足（监管当局与银行在风险控制上存在激励冲突）时，银行将忽略对风险的控制，而将主要精力放在银行业绩上。

第三部分即第四章（实证分析），这是本书的主要创新和重点之一。本章在上一章构建的双重委托代理多任务模型的基础上，以中国 14 家上市商业银行的非平衡面板数据为研究样本，考察了商业银行与监管当局在风险控制上的激励冲突问题，检验了银行高管薪酬对银行经营业绩、风险控制的影响，同时进一步验证了设立薪酬与考核委员会、独立董事制度和第一大股东持股比例等治理机制在强化高管薪酬与风险控制、高管薪酬与银行业绩方面的作用。实证结果显示，中国上市银行高管薪酬与经营业绩之间显著正相关，与代表银行高管控制风险努力的超额资本充足率之间显著负相关，表明中国上市银行虽然普遍建立起了与银行业绩相关联的薪酬激励制度，但监管当局尚未建立起与风险控制相联系的激励约束机制；同时，银行在经营业绩和风险控制双重任务的选择上更加偏好前者，导致银行高管将过多精力放在经营业绩上，而忽视了风险控制的努力。

第四部分即第五章（激励相容的银行监管机制设计分析），这是本书的研究结果部分，也是本书的重点内容之一。本章主要对商业银行内部风险控制与外部监管的激励相容机制设计进行了细致的分析和探讨，即在综合前面章节的理论分析与实证分析结果的基础上，结合我国实际，从四个方面全面系统地分析了银行监管的激励相容机制设计：①资本监管的优化设计分析。本节通过回顾银行资本监管中的激励相容的条件和制度安排，对银行监管激励机制与资本监管的有效性进行了比较分析，探讨了符合我国国情的银行资本监管的激励相容机制。②商业银行风险管理的补偿制度设计。本节通过对当前我国银行高管薪酬激励契约的分析，揭示了其中存在的一些问题，并据此提出了完善我国银行薪酬契约设计的一些建议，如建立银行高管风险管理补偿制度、强化激励契约设计中银行高管在风险控制方面的作用、强化董事会的作用、设立薪酬与考核委员会、重视银行高管的长期激励等。③预先承诺制的设计分析。本节通过简要分析预先承诺制的激励相容特性及其在国际上的实践经验，认为预先承诺制有利于促使我国银行选择适当的资本充足水平，从而实现银行监管的激励相容。④存款保险制度的设计分析。本节借鉴各国存款保险的实践经验，对我国即将实施的存款保险制度提出了相关政策建议，如存款保险费用与被保银行所承担的风险相联系，实行部分赔付机制。

第五部分即第六章（结论与建议），总结了全书相关研究的主要结论，并提出了相关的政策建议，如增强金融监管的透明度、对银行高管实施风险管理补偿制度、实施激励相容的存款保险制度、实施商业银行风险管理的预先承诺制、加强金融机构内部控制、加强银行资本监管等。

1.4 研究方法

根据本书的研究主题和主要研究内容，本书采用了以下的研究方法。

第一，数理论证和理论分析相结合的方法。任何研究都必须建立在一定的理论基础上，理论模型分析是本书研究的前提。本书以金融学、信息经济学、激励理论及风险管理理论为基础，对多个银行监管激励相容理论模型进行了分析，并在此基础上对商业银行内部风险控制与外部监管激励相容的四种机制的特征及其最优条件进行论证和分析。在对理论模型进行分析的过程中，本书不仅注重数理推理的严谨性与缜密性，更关注数理推导背后的行为逻辑与理论模型的经济学意义。

第二，实证研究方法。本书遵循了实证研究的基本逻辑和方法，对主要研究命题进行了实证分析，即在理论模型分析的基础上，提出研究假设，并构建计量模型，对研究假设进行了实证检验，最后根据实证结果，提出了符合实际的具有针对性的建立商业银行内部风险控制与外部监管激励相容机制的具体措施和政策建议。该研究体现了理论联系实际的基本研究方法和逻辑的一致性。

1.5 主要创新

本书较为全面系统地研究了我国商业银行内部风险控制与外部监管的激励相容机制设计问题，具有较强的理论性、现实性和政策性。本书的学术创新之处主要体现在以下方面：

第一，在理论分析方面，本书构建了银行资本监管的激励冲突和激励相容理论分析模型，分析了不同信息结构（对称信息和不对称信息）下银行资本监管的激励相容条件，在此基础上提出了解决银行资本监管中的激励冲突和建立激励相容机制的思路和措施。

第二，本书在 Holmstrom & Milgrom（1991）模型的基础上，创新性地构建了一个加入银行监管的多任务双重委托代理模型，分析了银行治理的最优及次优激励问题。与目前国内外关于银行治理激励机制分析的理论模型不同，本书在构建银行多任务双重委托代理模型时，综合考虑了银行股东、监管者与经营者之间的多重代理和风险激励问题，使该模型更具一般性，同时还深入揭示了银行治理及其激励契约设计的基本特征，这在商业银行的治理机制分析上有较大理论创新。

第三，本书基于银行的多任务双重委托代理模型，对中国上市商业银行的最优激励契约设计进行了实证检验，使该项理论研究具有较高的可靠性和科学性。本书采用中国上市银行的非平衡面板数据进行的实证研究，主要集中于商业银行高管薪酬与银行经营业绩、风险控制的敏感性分析，上市公司中普遍采用的几种治理机制对强化银行高管薪酬与风险控制、经营绩效的关系的实证检验等，重点考察银行高管在薪酬激励和风险控制激励方面的交叉性和替代性，使读者可以更准确地掌握我国商业银行在风险控制方面的激励缺失。而据目前所掌握的文献资料，国内外学者在该方面的研究尚不多见。这就为日后该领域的进一步研究提供了科学依据和研究基础。同时，这一研究对完善中国商业银行的治理结构与治理机制具有较大的实践意义。

第四，本书从多角度对商业银行内部风险控制与外部监管的激励相容问题进行了比较全面的分析，且较好地结合了中国的实际情况。而以往的研究往往只集中对某一激励相容机制，如资本监管、预先承诺制、存款保险制度等进行分析，难以全面把握银行监管的激励相容特征。本书在借鉴前人研究成果的基础上，从多个角度提出了我国商业银行内部风险控制与外部监管的激励相容机制设计，形成了相对系统全面的银行监管激励相容问题的理论分析框架，可以为银行监管的实践提供更有价值的理论借鉴。

2 文献回顾

2.1 激励相容的银行监管机制

如前所述，近期的全球性金融危机与1929年的大萧条相比有着相似之处，其深层次原因在于，在全球经济失衡和经济周期的波动中，政府监管没有处理好金融创新和金融发展之间的内在关系，从而导致了这次金融危机的爆发和进一步扩散。这次危机也使金融监管问题再次成为学界关注的焦点。其实，自20世纪30年代以来，特别是布雷顿森林体系崩溃之后，随着全球性和区域性金融危机的不断发生，学界对于系统性风险的防范和金融监管问题的研究一直没有中断过，并围绕着为什么要实施监管、怎样监管才是最优化的（或才能实现监管目标）这些基本问题，对金融监管问题进行了广泛而深入的研究，到20世纪80年代初基本形成了三类监管理论体系：源于新古典经济学的公共利益监管理论、以Stigler（1971）和Posner（1974）为代表的监管经济理论及Kane（1981）的监管辩证理论。但是，随着金融监管实践的发展及对该问题研究的不断深入，人们发现，建立于20世纪30年代的金融监管体系和安全网越来越不能适应金融业发展的需要，暴露出许多致命的弱点，造成了严重的监管失灵（Schwartz，1988；Keeley，1990；Merton，1995；Kaufman，1996；蒋海、刘少波，2003）。1988年《巴塞尔协议Ⅰ》的出台和实施，使最低资本充足率要求成为主要市场经济国家银行监管的主要工具，资本充足性监管的有效性及其相关问题也成了理论界研究的热点。与此同时，理论界的研究重点也开始转向银行资本监管的有效性及其改进等方面的研究，特别是2001年《巴塞尔协议Ⅱ》的出台和实施，使大家普遍认识到加强市场纪律对提高监管效率的重要作用，对如何运用市场约束改造传统监管体系进行了广泛而深入的研究。自此，激励相容的监管机制问题进入了决策当局和学界的视野。

激励相容是一个微观概念，主要反映委托人通过合理的契约安排和机制设计，使代理人按照自己所期望的目标工作，实现委托人与代理人的目标一致（张维迎，1996）。在银行监管方面，则主要表现在银行监管当局通过合理的监管机制设计，形成商业银行的风险控制激励，最终实现监管当局与商业银行在风险控制与防范上的目标一致。因此，监管机制的科学设计是激励相容监管体系的前提和基础，而监管机制设计的核心是处理好政府监管与市场约束之间的关系。所以，为了使读者对激励相容的银行监管机制有更深入的认识，有必要对政府监管与市场约束之间的关系作一个简单的介绍。

根据科斯定理，如果产权被清晰界定而且没有交易成本，私人通过自由交易总能实现最有效率的结果，这个结论与产权的初始分配状况无关。因此，市场失灵并不必然要求政府干预。除政府监管（干预）外还有三种方法可以解决市场失灵：市场力量自身的发展、法律和国有化（Djankov et al.，2003）。按市场、法律、监管和国有化的顺序，政府对经济活动的控制程度逐渐加强。这四种方法在解决市场失灵方面都不是完美的，因而在四种方法的选择上存在一个基本原则，即市场失灵的危害程度与政府管制的危害程度的权衡，只有当政府管制的危害程度小于市场失灵的危害程度时，选择政府管制才是有效率的；否则，则相反。对各种方法的权衡要根据不同国家的具体情况而定，例如，不同的法律制度对投资者的保护程度存在差异（La Porta et al.，1998），而政府管制能有效解决市场失灵问题的前提条件是政治民主化程度较高（否则监管人员很可能滥用职权）。因而法律和监管孰优孰劣只能根据各国的具体情况而定。同时，政府监管和其他方法并不是相互对立的，而是可以相互支持和补充的。所以，在监管体系的设计上需要关注以下几方面的问题：

第一，有效的监管体系应该是对市场机制的补充而不是替代（Caprio & Klingebiel，1996）。最优的银行监管机制应该模仿完善市场的机制，支持市场的监督、约束和治理机制，同时给银行提供正确的激励（Klein，1992），即通过为银行股东，特别是管理层设计最优的激励机制，促使银行高效率、低风险地完成其各项经济职能。糟糕的监管体系设计则会恶化银行业的经营业绩，引发严重的道德风险问题，从而危及整个银行体系的稳定（Calomiris et al.，1999）。

第二，重视市场约束机制在银行监管体系中的作用，在进行银行监管机制的设计时，应更加重视市场力量。频繁发生的金融危机揭示，缺乏市场约束机制的银行监管存在严重失灵现象（张强等，2006）。由于银行监管过程中信息的不对称，政府监管的失灵不可避免，市场机制是银行监管无法完全替代的风险约束机制，特别是随着银行业务的日益复杂化和多元化，外部监管人员很难掌握银行的真实经营状况。信息的不对称程度愈来愈大，市场约束机制的重要性越来越明显。因此，在银行监管的激励相容机制的设计上，应该充分发挥市场机制的约束作用。

第三，银行监管机制应该是一个动态过程。一方面监管改变了银行的风险承担激励，促使银行改变其经营战略和风险管理水平（Kroszner & Rajan，1994），而银行经营战略和风险行为的调整，又需要监管当局对商业银行的监管进行实时调整，特别是在金融安全网引发了银行严重道德风险的情况下（Dewatripont & Tirole，1993），对银行的动态监管就显得尤为重要；另一方面银行可通过金融创新等方式逃避监管，即被 Kane 称为“监管辩证法”的监管过程将不断重演。另外，银行甚至通过各种方式影响监管人员的决策，以实现逃避监管的目的（Kroszner，1997）。因此，最优监管机制的设计应该考虑监管的动态过程。

需要进一步指出的是，要想建立激励相容的银行监管机制仍需要完善监管机制和市场机制共同发挥作用的微观基础，如商业银行的治理机制、风险控制机制等。外部监管虽然能够在一定程度上纠正市场失灵，但是如果不触及银行的内部治理机制的根本性缺陷，则很难真正消除诱发银行危机的根源。因此建立激励相容的银行监管机制，还需要银行改善公司治理，加强自我约束。为此，《巴塞尔协议Ⅲ》在强调资本与流动性硬性约束的同时，还提出要从公司治理、薪酬机制和并表风险管理三方面完善监管标准，提升银行风险管控能力。

第一，没有良好的银行公司治理的支持，不可能形成有效的银行内部控制，银行风险管理也不可能健全有效。银行为企业、居民等提供存款贷款和支付结算等金融服务，这些功能使银行的风险问题具有较强的外部性。因此，世界各国都非常重视对银行业的审慎监管。但是，20 世纪 70 年代末至 80 年代初期的美国储贷协会危机等表明，即便是银行监管很完善的市场经济国家，严重的银行风险和危机问题仍然难以避免。1995 年 2 月英国巴林银行倒闭案进一步表明，商业银行的风险管理和内部控制是银行审慎监管有效性的基础。国际经验表明，良好的银行公司治理是银行风险管理和内部控制有效性的前提条件（刘晓勇，2001）。

2009 年 7 月沃克工作组发表的《英国银行及其他金融机构公司治理报告》认为，金融机构所有者结构存在缺陷，所有者对银行行为的管控弱化，导致银行业风险失控。完善董事会的功能，强化非执行董事的职责是改进银行公司治理的重要手段。巴塞尔委员会的行业调查报告表明，国际大银行的公司治理存在着董事会和高层管理人员缺乏对风险状况的全面了解、激励机制不当、信息不对称、内部沟通不畅及缺乏市场约束等问题。为此，巴塞尔委员会在 2006 年发布的《加强银行公司治理》中提出了改进和完善银行公司治理的建议，其中主要涉及董事会职责、风险管理、透明度、了解银行集团业务运营结构四个方面（王兆星，2010）。近年来，中国加快了商业银行及金融机构的公司治理改革，出台了一系列完善银行公司治理的文件，初步建立起了符合市场机制的商业银行公司治理机制和运作机制。但目前中国商业银行的治理机制尚不完善，激励约束机制不健全，道德风险等问题依然突出，银行的风险控制激励严重不足，直接威胁着整个银行体系的安全与稳定（蒋海等，2010）。因此，商业银行需要建立良好的公司治理，健全内部控制，完善风险控制，强化股东、监事、行长的权利义务，通过银行的自我约束促进激励相容机制的实现。

第二，完善银行的激励契约设计，银行高管薪酬的激励不仅应包含银行经营绩效指标，而且还应该包括风险控制指标。信息密集性和高风险特性使银行治理中的激励相容机制显得尤为重要，同时也造成银行绩效评价与激励契约设计的困难。John & Qian（2003）发现，尽管银行业 CEO 比其他行业 CEO 的薪水高，但他们的薪酬—绩效敏感度却很低（银行规模越大，敏感度越低），从而增加了合理设计契约的难度。John et al.（2010）的研究进一步表明，银行业高管薪酬—绩效敏感度随银行杠杆率上升而降低，同时随着外部监督的增强而加大，两者交叉项为负。

Andres & Vallelado（2008）对跨国银行的实证表明，银行绩效与董事会规模之间呈倒“U”形关系，独立董事比例越大，对银行监督的效率就越高，银行绩效就越好。Cook et al.（2004）的研究表明，政府监管对银行绩效的影响随着银行所有制和干预方式的不同而不同，对于内控机制完善的商业银行，政府干预与银行绩效之间存在负相关；而对于内控机制较弱的储蓄银行，结果则相反。Cooper（2009）的研究表明，监管对私有银行的绩效有显著影响，但对高管薪酬影响不大。Cunat & Guadalupe（2009）的研究表明，放松监管对银行和其他金融机构的高管薪酬水平与结构有显著影响。近年来，国内一些学者也对银行薪酬激励机制进行了研究，李华民（2003）、荀开红等（2004）的研究表明，我国股份制商业银行高管薪酬与业绩之间相关性不显著，薪酬机制缺乏激励功能；陈学彬（2005）、乔海曙等（2006）、杨大光等（2008）、邹永成（2009）的实证表明，我国商业银行高管薪酬与业绩之间存在正相关性，银行业已初步建立了基本薪酬与业绩薪酬相结合的薪酬机制。李克文等（2005）利用山东、河南两省样本进行的实证表明，银行行长的薪酬激励对银行绩效有负面影响，而“工资加奖金”的薪酬形式对银行绩效产生正面影响。郭新明（2009）利用15家商业银行的样本数据进行的实证表明，我国商业银行高管薪酬与业绩之间呈现倒“U”形关系，即存在“激励过度”问题。

第三，银行高管的薪酬不能单纯地由银行业绩决定，还应该引入风险—激励机制。Barth et al.（2007）通过107个国家3 000余家商业银行面板数据的实证研究表明，监管在一定程度上影响到银行控制风险的激励，并对银行绩效产生显著影响；Buch & Delong（2008）的研究表明，强势的银行监管体系会减弱银行的风险承担，从而降低风险水平。Laeven & Levine（2009）

的研究却发现，监管能否对银行风险承担产生影响，取决于每家银行治理结构中股东势力的强弱，股东势力越强，监管作用就越小，银行承担的风险就越大。针对银行的风险转嫁和过度风险承担，有些学者还研究了如何建立激励相容的监管机制来有效遏制银行的过度风险承担。如 Kane & Kaufman（1993）认为，存款保险制度下监管者与银行之间存在风险控制的激励冲突，要解决银行的过度风险承担，必须首先解决监管中的激励冲突问题。John et al.（2000）、Ang et al.（2001）、Kane（2002）、Danielsson et al.（2002）研究表明，只有对银行高管的风险控制实施不低于其收入损失的报酬补偿时，才能形成银行风险控制激励，实现监管当局与银行的激励相容。Milne（2002）的研究发现，审慎的资本监管可作为遏制银行风险承担的激励机制。Bolt & Tieman（2004）的研究也表明，严格的资本充足率要求会降低银行的过度风险承担，基于风险调整的监管才是有效率的。Fernandez & Gonzalez（2005）的研究发现，良好的审计制度与最低资本充足率要求相结合，可以形成银行控制风险激励，有效降低银行的风险承担。Acharya（2009）的研究表明，审慎的银行监管机制，如银行关闭政策和资本充足性要求可有效遏制银行风险转嫁激励，降低银行风险承担。Agoraki et al.（2011）的研究表明，严格的银行监管只有更好地与市场约束结合，才能有效减弱银行风险承担激励，降低银行风险水平。国内也有少数学者研究了银行治理机制（曹廷求，2006；曹艳华等，2009；张学陶等，2009）、监管与市场约束（李燕平等，2008；许友传，2009）对银行风险承担的影响，基本结论是：我国商业银行的股权结构、董事会规模与构成、高管薪酬对银行风险承担有显著影响；我国的隐性担保制度降低了银行特许权价值，使信息披露不能发挥市场约束功能，从而弱化了银行风险承担的市场约束。蒋海等（2010）提出，高管薪酬考核体系应至少包含三方面信息：一是基于历史数据的财务绩效，二是代表银行未来前景的市场业绩，三是代表银行资产质量的风险控制水平。

接下来就国内外学者对资本充足率监管、预先承诺机制、存款保险制度、风险补偿机制的激励相容问题的研究成果进行梳理和总结，以便为银行内部风险控制与外部监管之间激励相容机制的设计提供必要的理论借鉴。

2.2 资本监管的激励相容机制

充足的资本水平是银行业有效监管的基础，无论是《巴塞尔协议Ⅰ》或《巴塞尔协议Ⅱ》，还是《巴塞尔协议Ⅲ》，都明确强调了银行监管中资本充足率的核心地位。其中，《巴塞尔协议Ⅲ》大幅度提高了核心资本充足率的要求，并突出了资本约束的激励相容理念：

第一，该协议增加了信用控制和资本控制。一方面，要求各银行建立自己的内部风险评估机制，特别是大型商业银行，要求运用自己的内部评级系统，决定自己的资本需求；另一方面，委员会提出了一个统一的方案，即“标准化方案”，建议各银行借用外部评级机构特别是专业评级机构，对贷款企业进行评级，并根据评级预测银行面临的风险有多大，同时为此计提相应的风险准备金。只要能达到相应的监管目标，商业银行可以根据自己的实际情况制订配套的方案。

第二，引入了市场约束机制，让市场力量来促使银行稳健、高效地经营以及保持充足的资本水平。市场是金融业内在的、自发的力量，本身就具有调节资源配置的激励相容特征，能够在不影响金融机构效率的同时，调节和引导金融机构的良性竞争和健康运营，激励投资者、债权人、存款人及其他的利益相关者对银行的安全进行监管。

第三，针对2008年金融危机中暴露出的系统性风险监管不足和对顺周期性的应对无力等问题，提出了建立逆周期的资本缓冲机制（巴曙松，2010）。该机制强调不仅需要宏观政策和监管部门的调控，还需要形成监管政策与其他金融财政政策的良好协调机制，完善监管组织框架，实现监管主体与商业银行内部的风险预警机制对市场做出同步的反应（蒋海等，2012）。

第四，强调了基于原则的监管。该监管方法具有约束过度的自由裁量权、增强监管稳定性的优点，监管者可事前为银行制定良好的原则，鼓励银行采用合适的方法来遵守原则，监管者对银行的经营结果进行检查，根据结果决定是否采取相应的强制措施；而银行在享有更大经营自主权的同时，需要判断自己是否符合监管原则，避免监管当局的强制性措施（李红坤，2007）。总之，资本约束下的激励相容监管强调依靠和利用市场约束机制与内部风险管理，而内部风险管理和市场约束正是维护银行体系安全、稳健的第一道防线。

2.2.1 资本监管的有效性

系统研究银行资本监管的文献始于美国储贷危机，当时人们发现 CAMEL 风险管理体系并不能防止银行危机（Kahane，1977）。随后 Kareken 和 Wallace（1978）构建了一个存款保险制度下的银行监管均衡模型，分析结果表明，只有在资本监管不能减小银行失败概率的条件下，资本监管与其他监督手段相结合才会提高监管效率。Koehn 和 Santomero（1980）的研究也得到相似的结论。他们的研究引起学者们对银行资本监管有效性的进一步研究，主要集中在以下三个方面：

1. 单一资本充足性监管的有效性

众多研究表明，单一的资本充足性监管并不能有效地降低银行风险和防止金融危机的发生。Kim 和 Santomero（1988）的均值—方差模型分析发现，对单一资本比率进行监管是无效的，还必须在存款保险公允定价基础上采用风险加权来计算资本充足性比例，才能有效遏制银行的过度风险承担行为。Rochet（1992）的进一步分析表明，基于风险加权的资本监管也未必能够防止银行的高风险行为。如果银行目标是追求未来收益最大化，那么资本监管仍然无法防止银行的高风险投资行为。但如果银行是追求效用最大化的资产管理者，那么资本监管才会有效减少银行的投机行为。Passmore 和 Sharpe（1994）、Thakor（1996）的研究表明，基于风险加权的资本充足率的提高会导致银行的风险转嫁（risk - shifting），从而不能降低银行风险。Jones（2000）认为，金融创新与风险管理技术会激励银行的监管套利行为（regulation capital arbitrage，RCA），从而降低风险加权资本充足率监管的有效性，甚至起到反作用。Lam 和 Chen（1985）的研究表明，在取消 Q 条例、放开利率监管的情况下，严格的资本充足率监管反而有可能增加银行资产风险和银行失败的概率。Hellwig（1998）认为，Passmore 等（1994）和 Thakor（1996）的静态模型没有考虑银行间的相互影响，所以无法充分刻画银行的风险行为。Blum（1999）用一个两期模型证明，在动态投资组合中严格的资本要求会导致投资组合风险的增加。Hendrik 和 Schnabel（2007）对银行业竞争状况和贷款市场进行了研究，结果表明，严格的资本监管会降低金融体系的稳定性。

2. 存款保险公允定价条件下的资本充足性监管

许多学者对存款保险制度条件下的资本充足性监管进行了研究，其中主要集中在存款保险公允定价能否增强资本监管的有效性上，但研究结果分歧较大。存款保险公允定价问题的研究，最早始于 Merton（1977，1978）的存款保险期权定价模型。他研究了在完全信息条件下，将存款保险作为看跌期权的套利定价问题。结果表明，若存款保险费率的风险敏感性较低，银行会通过增加资产风险等套利行为提高看跌期权的价值。Mella - Barral 等（1997）扩展了 Merton 的分析框架，引入存款提取风险，研究了关于银行失败的监管政策对存款保险公允定价的影响。John 等（1991）的研究表明，即使存款保险得到了公允定价，如果在监管规则中没有使之与资产风险相联系，也不会减轻银行的风险承担行为。Chan 等（1992）认为，存款保险公允定价是激励不相容的，并且对存款保险进行公允定价是不现实的。Freixas 和 Rochet（1998）在更一般的理论框架下考察了存款保险公允定价下的激励相容问题，分析结果表明，公允定价虽然可行，但必须给予低效率银行补助才能实现，然而这种补助会降低银行业的效率。Kahane（1977）、Kareken 和 Wallace（1978）、Sharpe（1978）等利用状态偏好方法研究了此问题，他们的研究表明，在完全竞争、完全保险和保费率固定的条件下，银行存在明显的过度风险承担行为。Barth 等（2005）的实证分析也表明，存款保险制度会降低银行体系的安全性和稳定性，而存款保险制度下银行资本监管在一定程度上是有效的。但有些学者的研究表明，存款保险制度在一定程度上能改善银行资产质量，形成监管的激励相容（Giammarino et al.，1993；Nagarajan & Sealey，1998）。Keeley 和 Furlong（1990）的研究表明，在考虑银行失败概率和存款保险看跌期权价值变动时，资本监管可以减轻银行的风险承担行为。Cooper 和 Ross（2002）认为，对存款实施完全保险会使存款人没有动力去监督银行的行为，而存款保险制度与资本充足性监管的有机配合将克服存款保险的逆向激励，实现银行监管的最优。但是，更多的实证结果表明，存款保险制度在银行监管中起负面作用。无论是 Marcus 和 Shaked（1984）的单期存款保险期权模型检验，还是 Pennacchi（1987）的多期模型、Hovakimian 和 Kane（2000）的无限展期股东收益模型检验，都表明资本监管并没有能够有效阻止银行业的风险转嫁问题，存款保险制度本身会加剧这种风险行为。

3. 银行特许权价值与资本充足性监管

Guttentag 和 Herring（1982）的研究表明，特许权价值有助于减轻银行的风险承担，但是随着特许权价值的降低，其降低风险的激励减弱，甚至会起到逆向激励的作用。Marcus（1984）的分析表明，特许权价值有助于维持银行正常的资本充足率，降低银行的道德风险。Matutes 和 Vives（1998）的研究认为，银行业竞争加剧，会降低银行的特许权价值，从而加剧风险承担行为。而 Keeley（1990）的研究表明，银行的风险激励在很大程度上取决于特许权价值与其资产的市场价值的比较，只有当特许权价值大于其资产的市场价值时，银行的风险激励才会得到遏制。Weisbrod 等（1992）、Demsetz 等（1996）的实证研究发现，特许权价值对银行的审慎经营有着显著影响，特许权价值降低将激励银行的投机行为，导致资产风险增加，即银行特许权价值与银行风险之间存在着显著的负相关性。目前比较一致的观点是，特许权价值可以形成银行控制资产风险的激励（Barth et al.，2005）。

2.2.2 合理的资本充足率设计

20 世纪 70 年代开始的金融自由化浪潮和金融创新浪潮，使银行业的严格监管逐渐放松，但 70 年代末爆发的美国储贷危机，引发了社会各界对严格金融监管和放松监管的大讨论，同时也引起学界对资本充足率监管合理设计的研究，并将研究的重点集中到了最低资本金比率监管要求上来（Santomero，1991）。早期的研究文献基本上是研究资本金比率监管对银行风险承担行为的影响。Sharpe（1978）的研究表明，在存款保险制度下存款人不会根据银行资产风险要求相应的利息，因而失去了监督银行的动力，同时也产生了银行的过度冒险动机。所以实施最低资本金率监管可以解决存款保险产生的道德风险问题。他认为，在完全信息条件下，以风险为基础制定的公允保险价格与风险加权的资本金比率本质上是完全一样的。

Kim 和 Santomero（1988）采用资产组合方法（即将银行资产视为证券组合）研究了最低资本充足率监管对银行风险行为的影响，结果表明，如果对所有银行都规定统一的最低资本金比率标准，则会限制银行的风险收益边界，促使银行提高资产风险以补偿资本金比率提高带来的效用损失，解决这个问题的办法是采用风险加权的资本充足率要求进行监管。Rochet（1992）建立了一个资本充足率监管对银行资产选择影响的理论模型，并假定债务的有限责任使银行的收益分布呈截断分布（凸函数），如果没有最低资本充足率监管，银行收益的凸函数性质将会使资本金不足的银行成为一个风险爱好者。在这种情况下，即使是采用资产风险加权的最低资本充足率监管，也不能改变银行的过度风险承担行为。

Bensaid 等人（1995）构建了一个同时存在逆向选择（经理层拥有的银行资产信息属于私人信息）和道德风险（银行利润水平取决于外界无法观察的经理努力程度）的模型，对资本监管的最优设计问题进行了研究，结果发现，最优的资本监管策略是，资本充足率要求必须经过资产风险调整，而且需要由独立的机构对银行资产风险状况进行监督。Besanko 和 Kanatas（1996）则突破了以往的模型中股东与经理层没有利益冲突假设的局限性，假设银行经理只拥有一部分银行股权，即股东和经理存在利益冲突。他们的研究表明，在存在利益冲突的条件下，资本充足率的提高会降低经理层的股权比例，从而会降低经理层的努力程度，增加银行破产的概率，这在一定程度上抵消了资本充足率提高对资产替代效应的积极作用，所以提高资本充足率对银行风险的影响是不确定的。Cooper 和 Ross（2002）扩展了 Diamond 和 Dybvig（1983）的模型，分析了在银行和存款人都存在道德风险问题的情况下存款保险的成本和收益，他们发现，完全的存款保险无法独自实现最优的结果，因为存款人没有足够的动力去监督银行，银行也会将资产配置到风险较高的项目上。如果在存款保险制度下同时实施最低资本充足率监管，则可以有效防范银行的道德风险和逆向选择，实现最优结果。

Santos（1999）设计了一个银行和借款企业之间的委托代理模型，分析了银行的最优契约问题。分析结果表明，资本充足率水平的提高会增加银行的破产成本和融资成本（权益成本超过存款利率），而成本的增加会导致银行调整贷款契约，最终使借款企业的风险和银行的风险同时降低。Gorton 和 Winton（1995）认为，以上模型是局部均衡模型，由此推导出的结论存在瑕疵。他们建立了一个多时期一般均衡模型，分析了银行资本充足率的变化对其他部门和整体经济的影响，结果表明，银行自己选择的最优资本金比率要低于社会要求的最优水平，提高资本充足率水平势必减少银行提供的流动性，而银行流动性的减少必然导致银行的不稳定。Diamond 和 Rajan（2001）的研究得到了相似的观点。

Blum（1999）运用动态模型研究了资本充足率监管对银行风险行为的影响，研究结论表明，提高资本充足率水平，会增加银行的风险承担水平，因为如果银行预期将来不能满足最低资本充足率监管要求时，银行当期的最优选择就是增加资产风险。Milne

和 Whalley（2001）构建了一个连续时间的动态模型，分析了银行的资本决策过程。在模型中，政府的监督检查是随机的，银行为了降低政府监督检查的频率和监管机构干预所造成的成本，会将最优的资本金比率确定在监管当局规定的最低资本充足率水平之上，而且实际资本金比率与最低资本充足率的关系会影响银行股东的风险态度。当前者远远高于后者时，银行股东是风险中性的；当两者非常接近时，银行股东则是风险厌恶的；而资本金率不足的银行则倾向于冒险以博取翻盘的机会（gamble for resurrection）。Rochet 等（2004）在一个动态模型中分析了《巴塞尔协议Ⅱ》中三个支柱的联系，他建议监管人员应该更多地关注执行问题和制度改革，以减少第一个支柱（最低资本金要求）和其他两个支柱之间的不平衡。

现实中银行的存款保险和最低资本金率要求是共存的，二者的关系如何？Giammarino 等人（1993）通过一个存在道德风险的模型分析，回答了这个问题。在他们的模型中，银行家拥有监管者无法获得的银行资产信息，并且能通过别人无法观察到的努力影响资产质量，监管者的目标是社会福利最大化。他们的研究表明，保险费率必须是银行资产风险的函数，对低风险的银行应该规定较低的资本充足率监管要求。Freixas 和 Gabillon（1998）通过一个逆向选择模型研究了资本监管和存款保险的相互关系，结果表明，最优的监管策略应该是，高风险银行支付较高的保险费而无须符合最低资本充足率监管要求，低风险银行必须满足最低资本充足率要求和支付较低的保险费，因为保险费和最低资本金要求能通过信号传递共同实现分离均衡。Rochet（1992）、Jones（2000）的研究表明，在基于风险权重的资本充足率的监管上，如果错误地选择资产的风险权重，会诱导银行选择没有效率的资产组合，引发银行的监管套利（regulatory arbitrage），从而增加银行的风险水平。由于银行日益成为通过积极的风险管理和金融创新创造价值的独立主体，银行业务的复杂性令外部监管人员很难把握其资产风险，特别是市场风险和流动性风险的状况，所以许多学者认为，获得银行资产风险的准确信息以确定最优的资本金比率是非常困难的。因而一些学者开始转向了利用机制设计而不是加强监督来解决这一问题，如一些学者提出，让银行自己开发衡量风险的内部模型来评估自身的风险，并据此确定最优的资本充足率水平。

2.3 预先承诺制的激励相容机制

美联储的两位经济学家 Kupiec 和 O'Brien（1995）首先提出了预先承诺机制（Pre - Commitment Approach，PCA），其核心思想是，监管机构采用激励相容原理设定一个测试区间（例如一个季度或半年），银行在测试期间向监管机构承诺其资本水平，为该期间内可能发生的交易损失作准备。在整个期间，如果实际发生的损失没有超过其承诺的最大限额，监管当局就不会介入于预银行的经营活动；如果损失超过了预定限额，监管当局就会对其进行处罚。其目的是，利用惩罚措施约束风险性银行，使其持有比相对安全的银行更高的资本量。监管当局的任务只是设计恰当的惩罚方案，而无须评价银行的内部模型是否精确，其资本水平是否充分，因此这种方案是一种“脱手管理”方案。预先承诺制的引入可以有效地解决银行监管中的委托代理问题。

2.3.1 预先承诺制的理论发展

Kupiec 和 O'Brien（1997）的预先承诺模型（pre - commitment model）主要解决内部模型所遇到的监督成本和激励的问题。根据预先承诺模型，银行宣布适当的资本金水平，该资本金等于银行交易账户预期的最大损失值。如果经过一段时期，银行的实际损失超过了先前宣布的资本金水平，将遭到惩罚。这种机制为银行提供了正确的激励，因为银行选择资本金水平时，要考虑预期的惩罚成本和融资成本，其最优选择应该是在保持一定资本金的条件下使总成本最低。

自该模型提出后，引起了学界的广泛讨论，不少学者开始对预先承诺制的模型和理论进行研究。Prescott（1997）比较系统地分析了 PCA 的理论模型，进一步刻画了私人信息条件下激励相容的约束条件。Taylor（2002）在 PCA 模型的基础上提出了一种新的资本监管模式，即整体监管方案（The New General Approach，NGA），该方案要求银行向监管当局承诺某一期间的整体资本量水平、资本下限（capital threshold）和损失上限（loss threshold），将资本水平保持在资本下限之上，损失总额保持在损失上限之下。如果银行突破了其中一个限制，监管当局将采取较为严厉的监管惩罚措施。根据该监管方案，监管当局关注的只是银行的清偿能力，这也是银行监管的终极目标。监管当局不关注应该由银行考虑的具体风险管理方法，这将提高银行在风险管理方面的积极性。总之，预先承诺制（PCA）全面融合了资本监管、市场约束、机制设计、激励相容、信息显示和博弈论的基本原理，是建立在 PCA 基础上的各种激励相容监管机制的设计，成为目前理论界讨论的热点。

2.3.2 国外实施预先承诺制的实践经验

1996 年，纽约清算机构委员会组织美洲银行、银行家信托公司纽约公司、大通银行、花旗银行等 10 家大型银行机构成立了一个国际性机构，共同参与了预先承诺制的实践行动。这一实践被研究预先承诺制的学者们广泛应用（Considine，1998；陈建梁、赵永伟，1999；李成、王菁，2004）。下面对此实践进行介绍。

实践方案的设计：

（1）确定测试期。这个方案以一个季度为一个测试期，具体包括四个测试期间：1996 年 10 月 1 日至 1996 年 12 月 31 日，1997 年 1 月 2 日至 1997 年 3 月 31 日，1997 年 4 月 1 日至 1997 年 6 月 30 日，1997 年 7 月 1 日至 1997 年 9 月 30 日。

（2）在每个测试初期，参与银行统一向监管当局和清算机构提交即将开始的测试期内的预先承诺的资本水平；期末监管当局将预先承诺的资本水平和该银行交易业务的累计收益与损失的变化值，即 P&L 值（参与机构在相关测试期间从事各方面活动中形成的交易利润和损失的变化值）进行比较。P&L 值主要包括：银行业的交易净收益（或净损失）加上佣金费用、交易商差价、与交易头寸有关的税前净收入以及为交易业务作准备的资本变化值。P&L 值为正表示收益，为负表示损失。

（3）测试末期，监管当局或清算机构要求相关的参与银行递交一份报告。该报告中包含该银行当期的预先承诺资本数量和 P&L 值，无论 P&L 值是正是负，每个银行必须汇报各期间的收益和损失的变化情况。每个参与银行在测试期间的预先承诺资本数量应该抵补该期间参与银行组合交易及其他交易形成的一般市场风险和具体风险。清算机构汇总各个银行的报告后，出具一份"综合数据报告"，该报告是累计的结果，显示了每个参与银行在测试期间预先承诺资本数量与 P&L 值的比率。报告的数据反映，如果预先承诺资本数量与 P&L 值的比值大于 1，则说明能够抵补；如果预先承诺资本数量与 P&L 值的比值小于 1，则说明预先承诺的资本数量不足以抵补风险。若出现后者的情况，监管当局就会介入其具体活动，对其进行处罚。对于监管者来说，只需设计或选择一种合适的激励惩罚机制来涵盖监管对象的风险暴露，同时分析问题机构风险损失的起因是个别机构的冒险行为造成的，还是整个经济形势的变化导致的，对于这两种情况导致的损失要区别对待。

实践结论见表2-1。

表2-1 预先承诺制实践行动的综合数据报告

银行	第一测试期	第二测试期	第三测试期	第四测试期
1	0.56	1.21	1.39	1.09
2	2.27	1.20	2.18	0.96
3	3.56	3.79	3.25	3.61
4	0.44	0.59	0.74	0.84
5	1.84	2.29	1.89	1.81
6	0.42	0.68	0.75	0.54
7	0.81	1.01	1.12	1.12
8	0.77	0.42	1.15	0.91
9	5.43	5.89	5.11	6.60
10	1.46	1.99	1.36	1.88

表中均为正值，说明没有出现损失。从预先承诺制的实践方案中，参与银行得出以下结论：

（1）实践证明，在谨慎的风险管理和更有效的资本控制方面，预先承诺制比其他现存的资本监管标准具有更强的激励作用。在相关的测试期内，参与银行能够通过一种及时的方式确定并报告预先承诺的资本数量和收益损失的变化值。

（2）实践行动赋予参与机构一项责任，即确定一个最适合的资本水平，从而免受监管者对具体资本水平所存偏见的约束。作为以一个合适的资本数量为焦点的结果，这次实践行动使参与银行加深并发展了对持有资本目的的认识，同时区分了两种资本：一种是银行为了维护股东利益、适应收益变化而持有的经济资本；另一种是保护金融体系安全和稳健，以免遭受未预期损失袭击的监管资本。

（3）在实践结论的报告中，不同参与银行的预先承诺资本数量和 P&L 值的比率存在着明显的差异。比如，第 9 个参与银行的比率数值是第 4 个参与银行的 5 倍。这种巨大的差异源于这些参与银行之间不同的交易账户的特征、不同的风险偏好、不同的风险管理技能以及关于经济资本和监管资本的不同观点等。

2.4 存款保险制度的激励相容机制

存款保险制度（Deposit Insurance System）是一种金融保障制度，是一种由商业银行或其他吸纳存款的非银行金融机构向政府或私人的存款保险机构交纳保费，存款保险机构承诺在银行发生挤兑或破产时向其提供流动性资助或按存款保险条款规定的额度对存款者给予偿付的制度。截至 2011 年底，全球有 111 个国家和地区建立了存款保险制度。

存款保险制度的建立，一方面对防止金融恐慌、维护银行体系稳定发挥了积极的作用，另一方面也引发了严重的道德风险问题，特别是美国储贷危机后，人们发现存款保险制度形成的道德风险所引发的风险转嫁激励和风险积累机制产生了更严重的系统性风险。自此，许多学者开始反思存款保险制度的合理性。

2.4.1 存款保险制度的理论发展

1. 实行存款保险制度的理论依据

Friedman 和 Schwartz（1963）认为，银行存款联邦保险的出现是1933年恐慌结果最重要的银行体系结构性变化，这种变化是南北战争后各州银行券绝迹以来最有助于货币稳定的事情。Bryant（1980）分析表明，如果没有整个政府的干预，单个银行是没有办法应付大规模挤兑的，严重的金融恐慌往往使健康的金融机构与处于困境中的金融机构一起倒闭。Bhattacharya等（1998）的模型发现：存款保险在预防挤兑上优于存款暂停兑现。Fama（1980）、Diamond（1984）的研究表明，存款保险制度在避免储户利益遭受严重损失、提高公众对银行体系的信心和维护金融稳定方面起着重要的作用。总之，支持者认为，存款保险是维护银行体系稳定所必需的一种制度安排，是一国金融安全的重要保障措施之一，它的功能无法代替，越来越多的国家建立这一制度是合理的选择。

2. 存款保险制度的弊端

Kane（1985，1990）研究表明，存款保险制度存在严重的代理问题和风险积累与转嫁激励，同时使存款机构失去了市场约束，最终导致了美国20世纪70年代末的储贷危机。Diamond和Dybvig（1986）的分析也表明，存款保险制度激励银行承担更大的风险，使银行更容易失败。Demirguc - Kunt等（2002）通过1980—1997年对61个国家的银行样本的统计分析表明，存款保险制度严重危害了银行体系的稳定性，特别是在刚刚取消利率管制而制度环境还不完善的新兴市场国家和地区。

3. 如何减轻存款保险制度中引发的道德风险

自建立和实施存款保险制度以来，存款保险制度引发的道德风险问题一直是学界关注的重要问题。大量的学者对此进行过研究，其中主要包括两个方面：一是论证存款保险制度与道德风险的关系，二是如何改进存款保险制度来减轻银行的道德风险问题。Matutes & Vives（1996）指出存款保险制度在防止银行挤兑的同时，也产生了严重的道德风险。Garcia（1999）认为存款保险制度削弱了存款人对银行风险承担行为的监督从而导致监管宽容。在如何改进存款保险制度以减轻道德风险的问题上，研究主要集中在两个方面：一是基于风险调整的存款保险定价。Bhattacharya 等（1998）在文献总结的基础上提出了解决存款保险道德风险问题的五种方法：①法定的最低存款准备金率；②根据风险调整的最低资本金率和保费率；③实行部分保险以增加存款人监督银行的动力，加强银行信息的披露力度；④在银行资不抵债前关闭银行能减少银行道德风险行为造成的大部分社会成本；⑤维持银行较高的特许权价值可以降低银行的道德风险行为。如果能根据各银行的风险状况制定公平、合理的存款保险价格，就可以完全避免道德风险问题。因此，如何确定存款保险的公平价格就成为经济学家的研究重点。二是防止银行的过度风险承担行为。也有学者提出许多关于防止银行过度风险承担行为的政策建议，如 Calomiris（1999）将其归纳为以下三点：①基于违反最低资本金要求和其他监管要求的“早期干预/关闭”政策；②“狭义银行”政策，要求银行购买流动性好、风险低的资产，使银行的资产期限结构与债务完全匹配；③加强“市场纪律”，要求银行发行并维持一定比例的次级债，通过金融市场约束银行过度的风险承担行为。

2.4.2 激励相容的存款保险制度研究

Merton（1977）将存款保险当作看跌期权，开创性地用套利定价方法计算公允的存款保险费率。随后，许多学者也运用这个方法为保险存款定价，如 Fries、Mella - Barral 和 Perraudin（1997）研究了各种银行破产解决方法对存款保险价格的影响。Kerfriden 和 Rochet（1993）引入了利率风险。Mullins 和 Pyle

(1994) 则研究了清算成本的作用。但是套利定价方法有一个严重的逻辑缺陷，其假设前提为，市场是完全的，并且信息是充分的。然而，由于银行资产的不透明性以及期权定价需要的许多变量都是私人信息，所以这种方法存在很大的局限性。如果信息是完全的，存款保险就没有存在的必要了。因此，必须在非对称信息的环境下研究存款保险定价。基于此，学者们开始研究信息不对称条件下存款保险费率的公允定价问题。而一些学者的研究结果表明，在现实中实现公允定价是不可能的，即使公允定价是可行的，但从福利角度看也是不必要的，因为银行间的相互补贴无法避免其过度风险承担行为，且会允许无效率的银行继续经营，影响整个银行业的效率（Chan 等，1992；Frexias & Rochet，1998；Pennacchi，2006）。Chan 等（1992）在一个银行能自己选择不同保险合约的逆向选择模型中，证明了不可能为存款保险确定公平的价格。这是因为当保险价格公平时，对于银行而言资本结构是不相关的，只要存款数量大于零，高风险银行就会选择与低风险银行同样的保险合约。Freixas 和 Rochet（1998）在一个更一般的模型中研究了激励相容的存款保险定价问题。结论表明，为存款保险确定最优价格是可能的，但是结果并不是最有效率的。目前各国普遍采用的统一保险费率，使高效率银行补贴低效率银行的问题更严重，造成的资源配置扭曲的成本也更高。在银行体系的安全网中，除了存款保险制度外，中央银行还可以作为最后贷款人维持银行体系的稳定。最后贷款人制度可以使银行体系在遭遇不利冲击而引起银行体系本身无法满足市场流动性需求时，得到中央银行的流动性支持。

2.5 风险管理补偿制度与市场纪律的激励机制

2.5.1 风险管理补偿制度的激励机制

无论银行的信息披露制度如何完善，监管过程中的信息不对称是无法避免的。为了防止信息不对称所产生的道德风险问题，使银行经营者有激励服从银行监管，从而形成银行的风险控制激励，有些学者还提出了风险管理补偿制度（Risk Management Compensation），即对银行高层管理人员（如行长、CEO等）予以不低于其因实施严格的风险管理而遭受损失的补偿。Kose（2000）等人的研究表明，存款保险的合理定价与风险管理补偿结构的最优设计相结合，可以实现银行投资的一阶最优结果，使银行形成风险控制激励。Ang等（2001）运用一期的非对称信息的委托代理模型研究了高管薪酬与银行内部监督、外部监管的关系，结果表明，银行高管的薪酬与其内部监督呈正相关关系，而与外部监管呈负相关关系，即对高管风险管理的补偿，可以形成内部风险控制的激励。Kane（2002）的分析表明，对金融机构实施服从监管的补贴或补偿，可以减少金融机构的机会主义行为和过度风险承担行为，实现长期社会福利的最大化。蒋海（2004）基于国内银行监管中的激励冲突问题的分析，提出了在增强监管透明度的同时建立银行高管风险管理补偿制度的建议。

2.5.2 市场纪律的激励机制

Goodhart等（1998）对世界各地发生的银行危机的研究表明，在公司治理、法律和信息披露制度不完善的国家，政府监管机构的外部监督无法有效地保证银行体系的稳定，这说明政府监管很难解决银行体系的信息不对称问题。市场力量既可以作为政府监管的替代机制直接控制银行的风险，也可以作为一种政府监管的补充机制发挥有益作用。例如，市场能够为政府监管提供有价值的信息，市场信息也会促使监管部门采取"及时改正行动"（prompt corrective action），从而减少监管人员对问题银行的"宽容"（forbearance）行为。通过市场力量约束银行的风险近年来引起了经济学家浓厚的兴趣。市场约束机制主要有两类：强制信息披露和发行次级债券。

Baumann 和 Nier（2003）的实证研究结果表明，要求银行披露更多的信息有助于提高银行的效率。而市场本身可能无法产生足够的信息，甚至可能传播虚假的消息（D'Avolio et al.，2001），这意味着政府强制要求银行披露信息可以提高效率。当然，由于银行的一个重要功能就是解决信息不对称的问题，银行的资产又是非透明的，因此只能要求银行披露部分信息。特别值得一提的是，过多地披露关于银行风险的不利信息有可能引发不必要的挤兑和银行危机（Rochet & Vives，2004）。政府要求银行披露信息而不是自己披露掌握的银行信息的一个好处就是可以减少政府监管人员在处理问题银行时的拖延行为。

一些经济学家认为次级债券作为市场约束机制可以发挥重要的作用（Evanoff & Wall，2000）。次级债券主要通过影响（influence）和监督（monitoring）两种机制控制银行风险（Bliss，2001）。前者是指次级债券的投资者在银行破产时清偿顺序排在普通债权人（存款人）之后，所以有动力监督银行，在银行风险加剧的时候通过限制性条款控制银行的道德风险。后者是指次级债券的市场价格（如债券收益率）可以更迅速、准确地反映银行资产的风险状况，为银行的监管者和相关投资者提供有价值的信息（Calomiris & Litan，2000）。

另外一些经济学家认为次级债券的投资者与监管者一样也面临着信息不对称的问题，而且还不具有监管者拥有的监督检查银行的权利，对次级债券的市场能否提供可靠的价格信息也持怀疑态度（Kane，1995）。Levonian（2001）利用模型对次级债券在控制银行风险方面的作用进行了分析，其结论是次级债券在防止银行承担过多风险方面作用不大。Décamps 等学者修正了 Levonian 的模型，将银行资产收益率和承销日期由外生变量改为内生变量，他们发现在一定的条件下，强制银行定期发行次级债券能降低银行的资本金中权益的数量。所以，只能根据实证研究的结果对次级债券在银行监管中的作用进行判断。目前，大部分的实证研究都集中在次级债券的监督机制的效果上，即检验次级债券的价格（收益率）是否准确地反映了银行的风险。更准确地说，这些文献研究的是次级债券的收益率是否反映了监管机构没掌握的新信息。

早期的实证研究文献没有发现次级债券与政府债券收益率的差价和银行的风险具有显著的相关性，但是，最近的实证研究结果表明，次级债券的收益率与银行的风险具有正相关性，这说明次级债券的价格一定程度上能反映银行的风险。Flannery 和 Sorescu（1996）利用 1983—1991 年美国银行业次级债券的面板数据分析了次级债券和政府债券收益率差价与银行风险的关系，他们的研究结果显示两者具有正相关性。Morgan 和 Stiroh（1999）也发现随着银行规模的变大，信息越不透明，次级债券的风险溢价与银行资产风险的正相关性也就变得越不显著。这不仅支持了 Flannery 和 Sorescu 的结论，还揭示了次级债券收益率同时反映了不透明信息的价值。而且，一些学者的实证研究也发现次级债券收益率确实能包含监管部门没掌握的信息，同时运用次级债券价格和监管部门的信息预测银行的倒闭比单独使用其中任何一种信息要更准确。

Bliss 和 Flannery（2000）首次检验了次级债券的影响机制是否发挥作用，即检验银行的管理层是否根据次级债券提供的信息调整银行资产的风险，他们没有发现这方面的证据。而 Ashcraft（2008）采用了工具变量法克服以往研究中的选择偏差问题，他的研究结论是次级债券具有影响银行管理层的积极作用。需要指出的是，银行监管更关注的是出现问题的银行，而目前绝大部分实证研究采用的数据是美国的一些经营良好的大银行的横截面数据，因而其结论不具有真正的说服力。

以上对国内外的相关文献资料和研究成果进行的总结和梳理使我们对商业银行内部风险控制与外部监管的激励相容问题有了初步的认识。同时，上述研究成果和学者们的真知灼见也构成了本书的理论研究基础，即本书将在前人研究的基础上作进一步的拓展。具体而言，在理论上，本书建立了信息对称和不对称条件下的资本监管激励相容模型及考虑监管的银行治理多任务多重委托代理模型，对商业银行资本监管的激励相容问题进行了更进一步的研究，使激励相容的银行监管理论分析更具一般性。另外，从多角度综合分析了银行风险控制与外部监管的激励相容，使读者可以比较全面地了解和掌握什么是银行风险控制的激励相容。在实践上，本书结合中国实际，运用上市银行的数据对理论模型的推论进行了实证，在此基础上对中国商业银行内部风险控制与外部监管的激励相容机制进行了较深入的分析与探讨，并提出了相关措施与建议，对中国银行监管的实践具有明显的指导意义和理论借鉴价值。

3 理论模型与分析框架

本章将运用委托代理理论对商业银行内部风险管理与外部监管的激励相容问题进行分析。首先，运用该理论对商业银行内部风险管理与外部监管的激励冲突问题进行了分析；其次，分析信息对称和信息不对称条件下的激励相容机制及其设计问题，其中包括资本充足率、预先承诺制、存款保险制度等三种监管机制的激励相容问题；最后，进一步考虑监管当局和银行所有者同时为银行经营者提供激励契约条件下的多任务多重委托代理的风险控制激励问题。

3.1 商业银行内部风险控制与外部监管的激励冲突分析

美国 *Grass - Steagal* 法案的出台和联邦存款保险制度的建立标志着现代金融监管体系的形成，其目的是防止由市场失灵引起的局部或整体金融危机所造成的对投资者以及存款人利益的损害。就银行业来看，银行存在众多利益相关者，除了投资者和股东外，其债务通常由大量分散的存款人持有。正是由于银行及其他金融中介存款人和投资者众多且分散，再加之单个存款人和投资者的监督成本很高，因而会出现其他成员“免费搭便车”的现象。监管具有的这种公共产品的性质导致其供给的严重不足

(Stigler, 1971; Spierings, 1990; Xavier、Rochet, 1997)。所以，作为社会公众利益代表的政府部门理所当然地成为金融业监管的供给者。政府作为存款人、社会公众及中小股东利益的代理人，对银行经营实施了严格监管，因而存在多重委托代理关系。如果存在多头监管的情况，委托代理关系更复杂。经营者不仅受到银行治理的内部约束和外部市场约束，而且还面临债权人和监管机构及行业协会的监督（Cook et al., 2004）。虽然正常情况下存款人和其他债权人没有被激励去直接监督经营者，但出现金融动荡或危机时，这种激励就会迅速增加，形成对银行强有力的监督(Dewatripont & Tirole, 1994)。

引入了政府的监管以后，就形成了银行业监管的多重代理关系：第一是银行股东与经营者之间的委托代理关系，第二是存款人和其他债权人与银行之间的代理关系，第三是政府特许经营下监管机构与银行之间的代理关系，第四是社会公众（存款人和其他利益相关者）与监管当局之间的代理关系。在信息严重不对称及政府提供显性或隐性存款保险的情况下，监督的高成本和免费搭便车问题使存款人和其他利益相关者缺乏监督激励，此时政府理所当然地成为他们的利益保护者或代理人。而银行股东与经营者之间的委托代理关系能够通过内部的激励机制得以完善解决。因此我们将政府以及监管机构视为一个监管当局，同时不考虑银行股东和银行经营者之间的关系，而将银行作为一个行为主体来考虑。我们将在后面的多任务多重委托代理模型中考虑银行股东与银行经营者之间的代理问题。

3.1.1 社会公众与监管当局之间的激励冲突

社会公众虽然是一个抽象概念，但就银行业而言，应该包括银行的存款人及其他利益相关者。我们可以将其概括为银行业的

"消费者"，通过每个消费者效用函数的累加可以得到整体社会公众的福利函数。假定金融资产规模及其收益、金融机构的技术及消费者偏好不变，社会公众的福利最大化可以表示为监管成本一定条件下金融体系风险的最小：

$$\text{Max}U^C(e_r) = \text{Min}\sigma(e_r);\ s.t.\quad e_r p_r \leqslant C_0 \qquad (3-1)$$

其中，金融体系的风险（σ）取决于监管当局的监管努力 e_r；p_r 是消费者为监管当局提供单位监管努力而支付的价格，假定该价格是不变的；C_0 是社会公众支付的监管总成本。因为 σ 是 e_r 的严格递减函数，即 $\frac{\partial \sigma}{\partial e_r}<0$，所以消费者的效用是监管当局努力的严格递增函数，即 $\frac{\partial U^C}{\partial e_r}>0$。

在信息对称条件下，社会公众可以通过最优监管合同的设计和监管价格的确定，使监管当局的行为目标与公众目标达成一致。但在社会公众与金融机构之间及社会公众与监管当局之间信息不对称的情况下，监管当局的目标将偏离社会福利最大化目标，即不再追求社会福利最大化而追求自身利益最大化。

就目前我国的实际情况而言，监管者的收入来源于国家固定的薪酬，监管的透明度不高，不易形成监管当局的声誉激励及其约束。因此，固定收入前提下的成本最小化假设，比较符合我国监管当局的行为模式，其目标函数表示为：

$$\text{Max}U^r(R_0,\ e_r) = R_0 - C(e_r);\ s.t.\quad e_r p_r \leqslant R_0 \qquad (3-2)$$

其中，R_0 和 $C(e_r)$ 分别是监管当局获得的固定收入和提供监督努力支付的成本，由于监管成本是监管努力的严格递增函数，即 $\frac{\partial C}{\partial e_r}>0$，因而监管当局的效用是监管努力的严格递减函数，即 $\frac{\partial U^r}{\partial e_r}<0$。

上述分析表明，随着监管当局提供监管努力的增加，消费者的效用将会增加，而监管当局的效用将减少，双方在提供有效监管上存在激励冲突。将上述两式求一阶导数，得消费者和监管当局效用最大化时的一阶条件分别为：$\frac{\partial U^C}{\partial e_r}=p^r$，$\frac{\partial U^r}{\partial e_r}=\frac{\partial C(e_r)}{\partial e_r}=-p^r$。

通过上述一阶条件和约束条件，可以得到消费者和监管当局的均衡解分别为 e_r^* 和 0，也就是说，如果监管者行为完全透明，即信息完全且对称，会出现消费者效用最大而监管者租金为 0 的情况；如果监管者行为完全不透明，即消费者对监管者行为一无所知，则会出现监管者租金及其效用达到最大而消费者效用降到最低的情况。而现实情况是，监管当局的透明度处于两者之间，即处于半透明状态，则监管当局提供的监管 $e_r\in(0,\ e_r^*)$，监管当局获得租金 $C(e_r^*)-C(e_r)$，社会福利损失 $U^C(e_r^*)-U^C(e_r)$。

由此，我们可以得出结论：在信息不对称及监管当局获得固定薪酬的条件下，监管当局与社会公众之间会产生激励冲突，出现监管当局的信息租金和社会公众的福利损失，使金融监管无法实现社会最优目标。

3.1.2 监管当局与金融机构之间的激励冲突

假定通过相应的制度安排社会公众目标与监管当局目标实现了一致，金融监管的基本框架则是监管当局一方面通过对金融机构的风险行为进行监督检查，让无清偿能力的机构及早退出市场，从而保证金融体系的稳定；另一方面通过设置资本充足率、流动性比率等指标要求，使金融机构通过内部的风险控制实现稳健经营。如果监管过程中信息对称，而且监管者为风险规避型，那么在其他条件不变的情况下监管当局的行为可以简单地用下列方程组来表示：

$$\mathrm{Min}\,\sigma(e_r,\ e_f);\ s.t.\quad C(e_r)\leqslant C_0;\ k(e_f)\geqslant 0 \tag{3-3}$$

上式中，金融体系的风险水平 σ 是监管当局努力程度（e_r）和金融机构控制风险努力（e_f）的严格递减函数，即$\frac{\partial\sigma}{\partial e_r}<0$，$\frac{\partial\sigma}{\partial e_f}<0$；资本充足率 k 又是金融机构控制风险努力（e_f）的递增函数，即$\frac{\partial k}{\partial e_f}>0$。式中第一个约束条件是监管当局的监管成本不超过社会公众所支付的监管成本，第二个约束条件是金融机构的资本充足率不小于0。对上述方程组求导数，可以得到监管成本一定条件下监管当局实现风险最小的一阶条件：$\frac{\partial\sigma}{\partial e_r}=\frac{\partial C}{\partial e_r}$与$\frac{\partial\sigma}{\partial e_f}=\frac{\partial k}{\partial e_f}$。前式表明，当监管当局付出的单位监管努力获得的收益（边际风险的降低）与边际成本相等时则实现了监管者均衡。在监管成本为 C_0 的约束条件下，可以得到监管当局的最优努力水平e_r^*。后式表明，从监管当局（社会公众）角度得到的金融机构均衡条件是单位努力降低的风险与单位努力增加的成本（资本充足率）相等。在资本充足率不低于0的约束条件下，可得到金融机构的最优努力水平 e_f^*，由 e_r^* 和 e_f^* 我们可得到一个最低的金融风险水平 $\sigma^*(e_r^*, e_f^*)$（见图3-1），显然该结果达到了监管的激励相容。

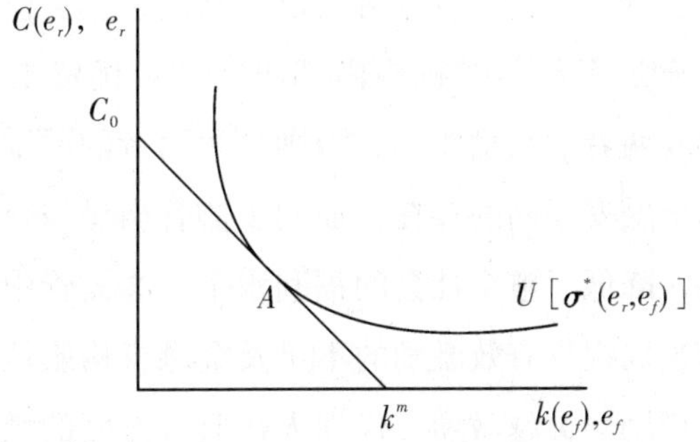

图3-1 信息对称条件下激励相容的资本充足率水平

图3－1中 C_0k^m 线为监管当局（社会公众）的预算线，$C(e_r)+k(e_f)$ 表示整个社会保持金融稳定所支付的总成本。C_0 点表示金融机构的努力为0，保证金融稳定的成本均由监管当局承担；k^m 点表示如果金融机构都达到了能够保持金融稳定所需要的资本充足率标准，监管当局需要支付的成本为0。

预算线 C_0k^m 与监管当局在 $\sigma^*(e_r, e_f)$ 风险水平上的等效用线 $U[\sigma^*(e_r, e_f)]$ 相切于 A 点，在该点上决定了监管当局与金融机构的最优努力水平 e_r^* 和 e_f^*，同时也决定了监管当局的成本支付 $C(e_r^*)$ 和金融机构的最优资本充足率 $k^*(e_f^*)$ 及最低的金融风险水平 $\sigma^*(e_r^*, e_f^*)$。

如果监管当局设置的最低资本充足率标准 $k_{rc}^1=k^*(e_f^*)$ 即实现了监管当局外部监管与金融机构内部风险控制的激励相容；如果 $k_{rc}^1<k^*(e_f^*)$，就会造成金融机构风险控制的努力不足，监管当局必须增加监管努力从而增加其成本来维持最低的金融风险水平 $\sigma^*(e_r, e_f)$；如果 $k_{rc}^1>k^*(e_f^*)$，虽然监管当局可以减少努力水平从而降低监管成本，但要金融机构付出更多的努力来承担这一部分成本。显然，后两种情况都将出现监管当局与金融机构的激励冲突。

通过上述分析，我们可以得到以下结论：①当监管当局设置的最低资本充足率与金融机构内部决定的最优资本充足率一致时，才能形成两者的激励相容，否则产生两者的激励冲突。而信息不对称和金融安全网的存在，加剧了监管当局与金融机构之间的激励冲突，降低了整个社会的福利水平。②监管中的激励冲突会导致监管当局提供有效激励的不足及金融机构服从监管的激励缺失，并且激励冲突越激烈，代理人在监管方面的激励水平就越低，愿意按委托人意愿控制风险的努力也就越少。

鉴于激励冲突造成的金融监管的高成本和社会福利的损失，

建立激励相容的金融监管机制、降低监管成本并以此保持金融体系的稳定就显得尤为的重要。因此，在完善金融监管透明度建设的同时，应加快建立激励相容监管机制，降低监管成本和社会福利的损失。

3.2 商业银行内部风险控制与外部监管的激励相容分析

3.2.1 激励相容的银行监管理论分析

3.2.1.1 委托代理模型框架下的激励理论

随着金融危机的频繁爆发和银行监管理论的发展，学界已普遍认识到，设计激励相容的银行监管机制，对银行的有效管理和监督，实现监管当局、银行机构、存款人及其他利益相关者效用的最大化等方面都具有重要意义。而该领域的研究重点主要集中在商业银行的内部风险控制与外部监管的有机结合，采用的研究方法也从以往静态的局部均衡分析过渡到目前动态的一般均衡分析上来。

上一节中提到引入了政府的监管以后，银行业监管的多重委托代理关系就形成了：第一是银行股东与经营者之间的委托代理关系，第二是存款人和其他债权人与银行之间的代理关系，第三是政府特许经营下监管机构与银行之间的代理关系，第四是社会公众（存款人和其他利益相关者）与监管当局之间的代理关系。由于银行股东与经营者之间的代理问题可以通过内部治理机制得到解决，而众多存款人和其他利益相关者与银行经营者之间的代理问题则很难通过委托人的监督来解决，因为在信息严重不对称及政府提供显性或隐性存款保险的情况下，监督的高成本和免费搭便车问题使存款人和其他利益相关者缺乏监督激励，政府理所当然地成为他们的利益保护者或代理人。因此在银行监管的过程中存在多重委托代理关系，而这一问题集中表现为以下两个层面：社会公众（存款人和其他利益相关者）与监管当局之间的委托代理问题、监管当局与金融机构之间的委托代理问题。

激励问题源于信息不完全下个体理性与集体非理性的冲突。其一，集体行动者的效用函数可能不一致，因为经济主体各自追求自身效用的最大化，并且他们各自的行为会影响到其他人的利益；其二，集体行动者之间往往存在信息不完全和信息不对称的情况。最典型的是现代企业“两权分离”中所有者和经营者的激励问题。而激励相容思想就是试图解决非对称信息条件下集体行动中的激励冲突问题。随着20世纪60—70年代信息经济学、制度经济学的发展，以信息经济学和契约理论为基础的激励理论取得了重大的突破性进展。在委托代理的分析框架内，激励问题产生的原因是委托代理关系中委托人和代理人之间的信息不对称导致了代理人行为偏离委托人的目标。激励问题的解决实际上就是如何减少代理人机会主义行为的问题，其核心就是委托人设计一种激励机制以达到激励双方（委托人自身和代理人）目标的一致。

这里使用经典的委托代理模型来刻画激励相容思想：一个参与人（处于信息劣势的委托人）想使另一个参与人（处于信息优势的代理人）按照前者的利益选择行动，但委托人不能直接观测到代理人选择了什么行动，能观测到的只是另一些变量，这些变量由代理人的行动和其他的外生随机因素共同决定，因而只是代理人行动的不完全信息。委托人面对的问题是如何根据这些观测到的信息来奖惩代理人，以激励其选择对委托人最有利的行动

(张维迎，1996)。接下来我们用 Ross (1973) 的模型 (张维迎，1996) 来分析激励相容的内在机制。

令 A 表示代理人所有可选择行动的组合，$a \in A$ 表示代理人的一个特定行动 (代表努力水平)，$\theta \in \Theta$ 是不受代理人 (委托人) 控制的外生随机变量，θ 在 Θ 上的分布函数和密度函数分别为 $G(\theta)$ 和 $g(\theta)$。在代理人选择行动 a，外生变量 θ 实现，a 和 θ 共同决定一个可观测的结果 $x(a, \theta)$ 和产出 $\pi(a, \theta)$，其中 $\pi(a, \theta)$ 直接归属于委托人。假定 π 是 a 的严格递增的凹函数，即给定 θ，代理人工作越努力，产出越高 ($\frac{\partial \pi}{\partial a}>0$)，但努力的边际产出是递减的 ($\frac{\partial^2 \pi}{\partial a^2}<0$)；$\pi$ 是 θ 的严格增函数，较高的 θ 即较有利的自然状态，则产出越高 ($\frac{\partial \pi}{\partial \theta}>0$)。委托人的问题就是设计一个激励合同 $s(x)$，根据观察到的 x 对代理人进行奖惩，关键是要分析 $s(x)$ 具有什么样的特征。

假定委托人和代理人的 v－N－M 期望效用函数分别为 $\nu[\pi - s(x)]$ 和 $u[s(\pi) - c(a)]$，其中 $\nu'>0$，$\nu''\leqslant 0$；$u'>0$，$u''<0$；$c'>0$，$c''\leqslant 0$。这表明委托人和代理人都是风险规避者或风险中性者，努力的边际效用是递减的。委托人与代理人的利益冲突首先来自假设 $\frac{\partial \pi}{\partial a}>0$ 和 $c'>0$：$\frac{\partial \pi}{\partial a}>0$ 意味着委托人希望代理人多努力，而 $c'>0$ 意味着代理人希望少努力。因此，除非委托人能对代理人提供足够的激励，否则，代理人不会如委托人希望的那样努力工作。委托人的问题就是选择 a 和 $s(x)$ 最大化其期望效用函数。但委托人需满足代理人的两个约束：第一个约束是参与约束 (participation constraint)，即代理人从接受合同中得到的期望效用不能小于不接受合同时能得到的保留效用 u，可以表述为如下的 (IR)；第二个约束是代理人的激励相容约束 (incentive compatibility constraint），即只有当代理人从选择 a 中得到的期望效用大于从选择 a'中得到的期望效用时，代理人才会选择 a，可以表述为如下的（IC）。委托人的问题是选择 a 和 $s(x)$ 最大化期望效用函数（P），同时满足约束条件（IR）和（IC）：

$$\max_{a,s(x)}\int v\{\pi(a,\theta)-s[x(a,\theta)]\}g(\theta)\mathrm{d}\theta$$

$$s.t.\ (IR)\int u\{s[x(a,\theta)]\}g(\theta)\mathrm{d}(\theta)-c(a)\geqslant \bar{u}$$

$$(IC)\int u\{s[x(a,\theta)]\}g(\theta)\mathrm{d}(\theta)-c(a)$$

$$\geqslant\int u\{s[x(a',\theta)]\}g(\theta)\mathrm{d}(\theta)-c(a'),\forall a'\in A$$

通过对上述方程求解，可以得到一阶最优条件，即激励相容约束下的最优解。

巴曙松（2003）认为，从博弈论角度来看，激励相容监管是把监管过程看作一个特殊的委托代理问题。激励相容或正向激励的监管实质是在金融监管中更多地引入市场化机制。前美联储主席格林斯潘（Greenspan）则认为，所谓激励相容的监管应当是符合和引导，而不是违背投资者利润最大化目标的监管（纪敏，2005）。

基于激励相容理论对银行监管问题的分析，可理解为：在某项银行监管措施或银行监管体制下是否形成正向而不是负向激励机制，解决存款人、监管者、被监管的商业银行三者之间的多层委托代理问题，从而最大可能减少甚至克服道德风险和逆向选择问题，其关键是对银行管理层的激励和约束机制的科学设计，使管理层的利益和存款人的利益协调一致。

长期研究金融监管问题的美国著名学者卡恩（Kane）教授，通过对金融监管激励相容问题的跟踪研究发现，监管政策背后有着复杂的动因，监管低效的一个重要原因就是监管当局提供监管的激励不足。纳税人与其代理人的代理问题和监管者的激励问题是正确理解银行业过去与将来监管的关键（Kane & Kaufman，1983）。在对银行业的监管中，同样存在导致“激励问题”的两个基本条件：行为主体目标函数的不一致和信息的分散化。从前面对政府监管银行的分析表明银行监管领域也存在严重的激励问题，其中最核心的是如何设计激励约束机制鼓励监管人员尽职尽责，以及如何设计激励相容机制将银行的利益与社会公众的利益协调一致。下面分别从社会公众（存款人和其他利益相关者）与监管当局之间的“委托代理问题”、监管当局与金融机构之间的“委托代理问题”两个层面分析。

3.2.1.2 银行监管中的委托代理问题分析

1. 社会公众与监管当局之间的委托代理问题

作为社会公众代表的监管当局，其目标是保证银行体系的稳定，以实现社会公众福利最大化。由于银行监管具有公共产品的性质，使得监管供给先天不足，因此，作为社会公众利益代表的政府部门理所当然地成为银行监管的供给者。社会公众将自己监管银行的权利委托给监管机构，以确保其自身利益；同时，公众也通过纳税的形式给监管者一定的报酬，从而形成社会公众与监管当局之间的委托代理关系。在社会公众与监管当局之间信息不对称的条件下，监管者的自利行为可能导致银行监管的道德风险，接受委托的监管当局有可能偏离社会公众福利最大化的目标，转而追求自身利益最大化。因为监管当局的具体职能由银行监管者个人来执行，他们希望自己获得更多的物质利益和权力威望，而问题银行的出现是他们工作效率低下的信号，将会使其职业前途受损，直接影响他们的个人利益，有可能产生“监管宽容”（regulatory forbearance）、“监管俘获”（regulatory capture），或者是 Shleifer 和 Vishny（1998）所说的“攫取之手”（grabbing hand）。因此，在社会公众与监管当局之间信息不对称及监管者获取固定薪酬的条件下，监管当局有可能将偏离社会公众福利最大化的目标，而追求自己的声誉最大化（Boot and Thakor，1993）。

2. 监管当局和被监管银行之间的委托代理问题

一方面，作为被监管者的银行，有激励利用比监管当局更有优势的专业经验和经营信息，以金融创新等方式不断突破管制障碍，追求更高的效率；另一方面，银行监管当局作为社会公众的代表（假设上面的激励目标已经实现），其目标是确保银行机构稳健经营、适度创新，从而维护整个银行体系的稳定，保护广大存款人的利益。因此监管当局应考虑到银行业潜在风险的巨大的负外部性，从追求社会福利最大化的角度出发，将严格评估商业银行的各种资产风险，确保商业银行能够具有充足的清偿能力（资本标准）和资产的流动性。在这个监管和创新的过程中，监管当局和银行的目标函数是存在利益冲突的。另外，银行机构与监管当局之间存在信息不对称的情况下，监管当局很难对银行机构的稳健经营和适度创新的行为进行有效甄别（screening model），从而降低了监管的效率。

3.2.1.3 激励相容机制的设计

基于银行监管中的激励冲突，为提高监管效率，监管当局应建立科学合理的激励相容监管机制。具体包括以下三个方面：

（1）设计一种最优的资本监管机制，使银行的经营创新行为与监管当局的监管目标保持一致。巴曙松等（2010）认为，金融危机后，资本充足率更为监管层所关注，主要原因是大量满足巴塞尔资本充足率要求的银行在这次金融危机中出现了问题，甚至倒闭。因而设计科学合理的激励相容的银行资本监管制度具有重要意义。

Prescott（1997）构造了有约束最小化的预先承诺制模型。Arupratan（1998）也设计了具体的 PCA 机制，并论证其可实施性。陈珠明和陈建梁（2001）对 Prescott 的有约束最小化的预先承诺制模型给出修正式，研究了最优资本金的配置。鲁志勇和于良春（2005）从博弈论和激励理论的角度对激励相容监管机制进行了研究。他们首先给出了机制设计的博弈原理，接着在 PCA 条件下，设计了一个具体的激励相容的监管机制，并用一个经验案例来说明激励相容监管的基本原则。

目前，建立在 PCA 基础上的各种激励相容监管机制的设计，依然是理论界讨论的热点。Milne 和 Elizabeth（2001）也提出将银行审慎资本监管视为一种激励机制：资本要求是对银行违规的惩罚，这些惩罚会增加银行管理者和股东的成本。Milne（2002）在银行资本监管激励机制论的基础上，进一步分析了资本监管对银行资产组合选择的影响。而基于同样的角度，Freixas et a1.（2007）研究了针对银行与非银行中介的金融（financial conglomerate）的最优资本监管问题，并指出集团内部的监管套利有利于弱化金融中介的冒险激励，并扩大存款保险制度的覆盖范围。Kashyap et a1.（2008）针对近期的金融危机，对银行资本监管进行了反思，并提出采用资本保险的新型激励机制，同时配合积极的监督检查策略，使银行机构既不会采取过度创新的冒险行为又不会过分加重银行机构的检查成本，从而提高监管效率。

监管当局对银行机构的监督检查是防止银行机构道德风险的重要方法。近年来，许多文献研究了政府监督银行的作用，基本一致的观点是，如果监管当局不能有效地监督银行并对没有达到监管要求的银行进行惩罚，即使设计合理的监管措施也无法达到监管目标。Campbell 等（1992）通过模型分析得出结论，最优的监管手段取决于银行资产的风险以及监督的成本，资本金要求和监督检查在控制银行风险方面可以互相补充。Weinberg（2002）构造了一个最优监管模型，他认为银行监管主体可选择的基本变量包括审查的频率和收取的费率，有效的银行监督检查就是选择这些变量的最优组合，在激励约束和预算约束两个基本条件下实现存款人福利最大化的目标。Prescott（2004）通过一个有成本的状态依存模型论证了最优的监管策略：存在监督成本的情况下，随机检查的效果要好于定期检查。而且，监督频率与资本金水平有关。资本金越少的银行，被监督的频率越高。因此，资本金最少的银行可能是最安全的银行。这种结论与直觉相反，原因在于监督检查的作用就是防止风险高的银行宣称自己风险低而逃避检查，因此没有银行愿意夸大自己的风险而承担过大的成本。随后，Marshalla 和 Prescott（2006）进一步假设银行质量是私人信息，并且银行进行资产组合时存在道德风险，此时资本监管将只能有限地鉴别银行的风险类型。该假设下的研究表明如果将事后的罚金内生于最优的银行监管模型，将有利于增进社会福利。

（2）设计一种最优的存款保险制度，使之在保护广大存款人利益的同时，最大限度地降低银行的过度风险承担和道德风险。

存款保险制度的建立可以有效解决存款人在信息不对称条件下的非理性挤兑，增强金融体系的稳定性，但是与其他保险行为一样，存款保险制度无法回避银行机构的道德风险问题。Kane（1995）和 Calomiris（1996）认为，为了防范存款保险引发的道德风险，激励相容的制度设计将是存款保险制度有效性的前提，也是存款保险制度的演进方向。Garcia（1999）认为，虽然各国存款保险制度有所区别，但是仍存在一系列的存款保险最优实例，即寻求诱使经济代理人保持金融系统健全的一系列激励；

Kane（2000）的研究认为，控制银行机构的道德风险需要有透明度和威慑力，以及保证存款保险的执行者采取有效行动，并要求他们向纳税人负责；Demirguc - Kunt 和Detragiache（2000）采用世界银行的跨国数据研究了存款保险与银行危机之间的关系，他们的实证研究表明，存款保险制度可能会加重一国金融系统的脆弱性，增加银行发生危机的可能性，当其设计特征体现出强化道德风险的特点时尤其如此。Barth 等（2001）则通过全球 3 000 余家银行的面板数据来估算商业银行监管体系上的差异，他们的研究同样证实了 Demirguc - Kunt 和 Detragiache 的发现。FSA（2009）也认为，针对资本、会计准则、流动性以及管辖范围等方面的新监管方法，将显著降低银行破产的可能性，并降低银行因资本和流动性压力而损害向实体经济提供信贷的能力。但是银行破产的可能性无法降为零，需要通过在存款保险等方面作出进一步的安排来加强银行监管体系。总之，努力寻求诱使经济代理人适度创新、保持金融系统健全的一系列激励，构建最优的激励相容的存款保险制度，仍将是今后努力的方向和目标。

（3）通过加强和完善银行业的信息披露制度，形成合理的市场约束机制，从而实现银行监管的激励相容。由于外部监管者很难获得银行资产的准确信息，在监管中设计激励相容的机制来鼓励银行披露信息和控制风险，对于提高监管效率、实现激励相容是十分重要的。

Goodhart 等（2001）对世界各地发生的银行危机的研究表明，在信息披露制度不完善的国家，监管当局的监管无法有效地保证银行体系的稳定，这说明监管很难解决银行体系的信息不对称问题。Baumann 和 Nier（2003）的实证研究表明，要求银行披露更多的信息有助于提高银行的效率，有益于银行保持充足的偿付能力，有效降低银行破产的风险。D'Avolio（2001）也认为，由于市场本身可能无法产生足够的信息，甚至可能传播虚假的消息，政府要求银行披露信息而不是自己披露掌握的银行信息的一个好处是，可以减少政府监管人员在处理问题银行时的拖延行为。但是，由于银行的一个重要的功能是解决信息不对称的问题，且银行的资产是非透明的，所以，要求银行披露部分信息，监管当局根据银行不同的经营状况及创新行为，设计不同的信息披露合约，使之既能弥补市场提供信息的不足，又能不影响银行的经营创新行为，具有非常重要的意义。

信息披露的激励约束制度同样可以使监管者的行为与既定的监管目标一致。在银行监管利益相关者的博弈中，监管者的行为并不必然与既定的监管目标一致。Bemstein（1955）指出，随着时间的推移，监管机构逐渐被受监管机构的产业所控制，监管最初服务于公共利益的目的"流产"。Posner（1974）进一步指出，监管不是为了实现公共利益，而是利益集团保护其私人利益的一种程序。监管经济理论代表人物 Stigler（1971）也认为，监管者有可能被俘获，从而失去监管的动机。Krueger（1974）将寻租理论运用到市场监管领域中，他认为监管为监管机构创造了寻租的场所，其实质是创造租金和分享租金的工具。Mayes（2006）从多个国家的银行危机研究中得出，监管者在发现扭曲行为的信号或迫在眉睫的问题时，往往过于容忍，同时，监管者往往在解决问题时动作迟缓，不能马上抓住问题的本质。监管当局作为社会公众的代理人应及时地披露监管信息，通过市场约束监管者的监督责任，从而有效地解决上述的监管行为与目标不一致的问题。

总之，以上理论分析表明，通过对资本监管、预先承诺、存款保险以及信息披露等合理的制度安排和机制设计，能够解决银行监管中的委托代理问题，在保障金融稳定的情况下实现社会福利的最大化，从而实现银行业内部风险控制和外部监管的激励相容。接下来就资本监管、预先承诺、存款保险和多任务多重委托代理四个方面，构建和应用相关理论模型，对银行监管的激励相容问题进行深入分析。

3.2.2 资本监管的激励相容模型

如前所述，如果信息对称，监管当局实施强制合同，那么银行监管将是激励相容的。但是，在信息不对称的假设下，只有当监管当局设置的最低资本充足率与金融机构内部决定的最优资本充足率一致时，才能形成两者的激励相容，否则将产生两者的激励冲突。下面我们将放宽假设条件，探究在信息不对称条件下，是否仍然能够实现“资本充足率的监管（在一定条件下）的激励相容目标”。

与前文相应的分析一样，我们假定相应的制度安排实现了社会公众目标与监管当局目标一致，并且金融监管的基本框架仍然只限于监管当局对金融机构的监管，且监管者是风险规避型的。不一样的是，在监管过程中存在信息不对称：金融机构完全了解监管部门的行动集与收益函数；相反，监管部门并不能完全了解金融机构的行动集与收益函数。

在信息不对称条件下，假设金融机构控制风险的努力程度 e_f 服从参数为 φ 的伯努力分布，即 e_f 有努力程度高（e_f^1）和努力程度低（e_f^0）两种可能，其中努力程度高的概率为 φ，$0 \leqslant \varphi \leqslant 1$，则努力程度低的概率为（$1-\varphi$）。

于是，在其他条件不变的情况下监管当局的行为可用下列方程组来表示：

$$\mathrm{Min}\sigma(e_r,\varphi);s.t.\quad C(e_r) \leqslant C_0;k(\varphi) \geqslant 0 \tag{3-4}$$

上式中，金融体系的风险水平 σ 是监管当局努力程度（e_r）和金融机构控制风险努力程度高的概率（φ）的严格递减函数，即$\frac{\partial \sigma}{\partial e_r}<0$，$\frac{\partial \sigma}{\partial \varphi}<0$；资本充足率$k$又是金融机构控制风险努力高的概率（$\varphi$）的递增函数，即$\frac{\partial k}{\partial \varphi}>0$。

同样，式中第一个约束条件是监管当局的监管成本不超过社会公众所支付的监管成本，第二个约束条件是金融机构的资本充足率不小于0。对上述方程组求导数，可以得到在监管成本一定的条件下监管当局实现风险最小的一阶条件：$\frac{\partial \sigma}{\partial e_r}=\frac{\partial C}{\partial e_r}$与$\frac{\partial \sigma}{\partial \varphi}=\frac{\partial k}{\partial \varphi}$。该式表明，当监管当局付出的单位监管努力获得的收益（边际风险的降低）与边际成本相等时实现了监管者均衡，在监管成本为C_0的约束条件下，可以得到监管当局的最优努力水平e_r^*；从监管当局（社会公众）角度得到的金融机构均衡条件是单位高努力程度概率提高所降低的风险与单位高努力程度概率提高所增加的成本（资本充足率）相等。在资本充足率不低于0的约束条件下，可得到金融机构的最优高努力程度概率φ^*，由e_r^*和φ^*我们可得到一个最低的金融风险水平$\sigma^*(e_r^*, \varphi^*)$（见图3－2），显然该结果达到了监管的激励相容，即当银行努力控制风险时，可以实现监管的激励相容。

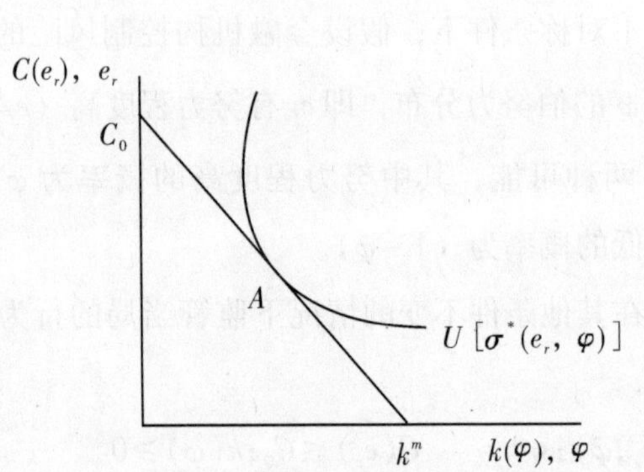

图3－2 信息不对称条件下激励相容的资本充足率水平

与图 3-1 类似，图 3-2 中 C_0k^m 线为监管当局（社会公众）的预算线，$C(e_r)+k(\varphi)$ 表示整个社会保持金融稳定所支付的总成本。C_0 点表示金融机构的努力为 0，保证金融稳定的成本均由监管当局承担；k^m 点表示如果金融机构都达到了能够保持金融稳定所需要的资本充足率标准，监管当局需要支付的成本为 0。

如果监管当局设置的最低资本充足率标准 ${k_{rc}}^1=k^*(\varphi^*)$，即实现了监管当局外部监管与金融机构内部风险控制的激励相容；如果 ${k_{rc}}^1<k^*(\varphi^*)$，就会造成金融机构风险控制的努力不足，监管当局必须增加监管努力从而增加其成本来维持最低的金融风险水平 $\sigma^*(e_r,\varphi)$；如果 ${k_{rc}}^1>k^*(\varphi^*)$，虽然监管当局可以减少努力水平从而降低监管成本，但是金融机构要付出更多的努力来承担这一部分成本。显然，后两种情况都将出现监管当局与金融机构的激励冲突。我们可以看到，在信息不对称假设条件下，如果监管当局设定的资本充足率水平与银行选择的资本充足率水平一致时，得出的结论和在信息对称假设下得出的结论基本相仿。

下面进一步对信息对称和信息不对称条件下的结论进行比较分析。将图 3-1 和图 3-2 画在同一个图中，如图 3-3 所示，可以看到，两图的均衡点重合在一起了。意思就是说，无论在信息对称假设下，还是在信息不对称的假设下，要达到激励相容，监管当局对金融机构资本充足率的要求与其自身的最优水平选择必须一致。其实从图 3-1 和图 3-2 可以直观地分析：两图的预算线一样，无差异曲线的类型一样，所以画在一起得出的两个均衡点必定是重合在一起。换句话说，在监管当局（社会公众）的预算约束没有改变以及监管部门和金融机构的偏好类型都没有改变的情况下，无论信息是否对称，两者只要资本充足率一致就可以实现激励相容。

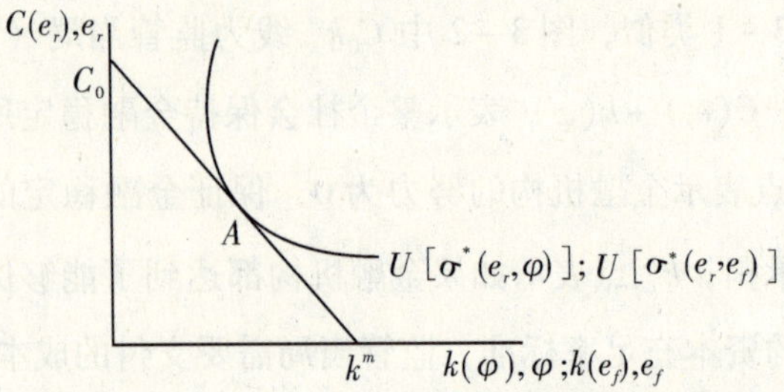

图 3－3　信息对称与不对称条件下激励相容资本充足率水平的比较

通过上述的分析论述，我们可以得到以下结论：第一，在信息不对称假设下，当监管当局设置的最低资本充足率与金融机构内部决定的最优资本充足率一致时，才能形成两者的激励相容，否则，产生两者的激励冲突；第二，只要监管当局（社会公众）的预算约束没有改变以及监管部门和金融机构的偏好类型都没有改变，无论信息是否对称，激励相容所要求的资本充足率都是一样的。事实上，金融机构内部决定的最优资本充足率是一个相对于其自身客观存在的资本充足率，意思是，无论金融机构的内部信息（行动集与收益函数）是否为外界所了解，它的最优资本充足率都是不变的。关键是监管当局确定的资本充足率是否与其一致。

从在监管部门的角度来看，它必须对金融机构的最优努力程度概率 φ^* 进行估算，进而确定金融机构的最优资本充足率 $k^*(\varphi^*)$，最终确定一个可以达到激励相容的资本充足率。

3.2.3　预先承诺制的激励相容模型

监管中的激励不相容会造成监管当局提供有效监管的激励不足和银行服从监管的激励缺失。而预先承诺制的思想就是使银行的行为符合监管当局监管效用最大化的目标，两者的目标形成一致，从而达到激励相容的监管结果。本节主要借鉴陈珠明与陈建梁（2001）的模型及鲁志勇、于良春（2005）的模型，对预先承诺制的激励相容问题进行分析。

3.2.3.1 约束最小化预先承诺制模型

陈珠明、陈建梁（2001）运用信息经济学分析方法对金融机构资本监管的预先承诺制的激励相容机制进行了研究，构建了约束最小化的预先承诺制模型。模型有以下四个前提假设：

（1）有几种不同类型的银行，其资产收益的概率分布不同；

（2）银行拥有私人信息，即假定银行知道其资产收益的概率分布，但监管者不知道；

（3）监管者根据银行的类型要求资本金水平；

（4）监管者可以对银行进行惩罚。

设银行的类型为 θ，存在一个银行体系，每种类型的银行是该体系一个正的组成部分，$h(\theta)$ 表示 θ 类型的银行在该银行体系中所占的正的比例。为简单起见，设各种类型的银行有相同规模的存款，银行的资产收益为 q，它是银行类型 θ 的函数，可正可负，每一银行的收益按概率密度函数 $p(q \mid \theta)$ 分布，不同类型银行的收益不同，每家银行的收益是公开信息，银行自身和监管当局都可以观测到；银行持有的资本量为 $k(\theta)$，资本金不能用于贷款或投资，其单位成本为 $r>0$，监管当局有权对银行收取的罚金为 $f \geqslant 0$，对单个银行最大的罚金量为 $\bar{f}$，对整个银行系统最大的罚金量为 F。

从监管当局的角度来看，银行业监管的目的是使破产银行的数目最小化，从而保护存款者的权益。据此构建预先承诺制模型：

$$\min_{k(\theta)\geqslant 0} \Sigma_{\theta} h(\theta) \int_{q+k(\theta)\leqslant 0} p(q \mid \theta)\,\mathrm{d}q \qquad (3-5)$$

$$s.t. \text{①} \Sigma_{\theta} h(\theta) \int_{q} [q - f(q,\theta)] p(q \mid \theta)\,\mathrm{d}q - \Sigma_{\theta} h(\theta) r k(\theta) \geqslant u$$

② $0 \leqslant f(q,\theta) \leqslant \bar{f}$

③ $\Sigma_{\theta} h(\theta) \int_{\theta} p(q,\theta) f(q,\theta) \mathrm{d}q \leqslant F$

④ $\int_q p(q \mid \theta)[q - f(q,\theta)] \mathrm{d}q - rk(\theta) \geqslant \int_q p(q \mid \theta)[q - f(q, \theta^{\prime})] \mathrm{d}q - rk(\theta^{\prime})$

上述各式的含义如下：

（1）目标函数是破产银行的数目，监管的目的是使破产银行的数目最小化。

（2）约束条件①称为参与约束（participation constraint）或个人理性约束（individual rationality constraint），即银行从接受合同时得到的期望效用不能小于不接受合同时能得到的最大期望效用，亦称为保留效用，用 u 表示。

（3）约束条件②表示罚金是有限的，不能超过一固定数量 $\bar{f}$，因此整个银行系统的罚金也不允许超过 F，此即约束条件③。

（4）约束条件④是激励约束，表明存在私人信息条件下的激励相容（incentive compatible）条件。

模型主要针对两类银行，即 θ_1 类型的银行相对于 θ_2 类型银行更喜欢风险。模型的解析依赖于关于 $p(q \mid \theta)$ 的两个假定：

假定1：对所有 $q<0$，$p(q \mid \theta_1) > p(q \mid \theta_2)$，即 θ_1 类型的银行发生亏损的概率高于 θ_2 类型的银行。

假定2：对所有类型的银行 θ，$p(q \mid \theta)$ 在 $q<0$ 时是递增的和弱凹的，即 θ_1 类型的银行比 θ_2 类型的银行更喜欢风险的另一种表达形式。

由假定1、2所决定的 θ_1 和 θ_2 类型银行的概率密度函数 $p(q \mid \theta)$ 如图3-4所示：

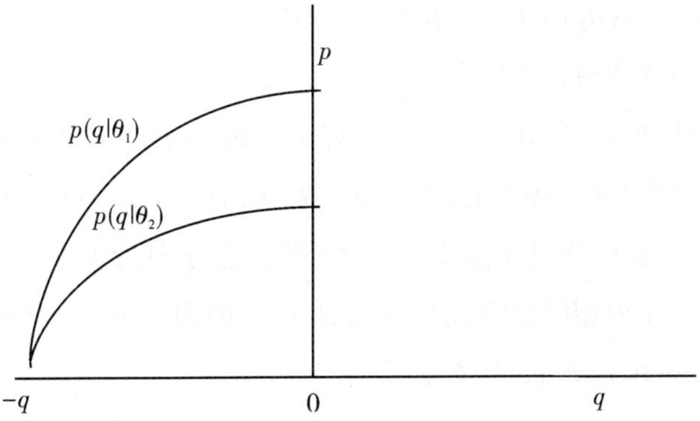

图 3－4　风险偏好不同的银行发生亏损的概率分布

在上述假定下不难证明，模型的目标函数是凸的，约束条件是凹的，因此模型是一个约束最小化的凸规划，根据运筹学的原理，其解是存在的。通过求解模型可以求得三个结果：①最优资本量 $k^*(\theta)$（在求得银行的最优资本量数集的基础上，我们取这些最优解中的最大值作为最优资本量，从而符合预先承诺制的资本监管要求）；②最优罚金 $f^*(q, \theta)$；③最小的破产银行数目。

在这两个假定下，这两种类型的银行伴随其资本水平的提高，破产概率呈边际递减趋势。此外，在一资本固定水平上，θ_1 类型的银行相对于 θ_2 类型的银行边际递减率高。破产率边际递减的趋势引出以下命题。

命题 1：最优配置必须满足 $k(\theta_1) \geqslant k(\theta_2)$，表明 θ_1 类型的银行有激励让其声称自己属于 θ_2 类型的银行，因而要求的资本准备金较少，但 θ_2 类型的银行没有激励声称自己是 θ_1 类型的银行。

设 α 和 β 是模型的约束条件①、④的拉格朗日乘子，该凸规划对 $k(\theta_1)$ 的一阶条件为：

$$r\alpha - p[-k(\theta_1) \mid \theta_1] + r\beta / h(\theta_1) = 0$$

对 $k(\theta_2)$ 的一阶条件为：

$r\alpha - p[-k(\theta_2) \mid \theta_2] - r\beta/h(\theta_2) = 0$

上述两式相减，经移项可以得到：

$r\beta[1/h(\theta_1) + 1/h(\theta_2)] + p[-k(\theta_2) \mid \theta_2] = p[-k(\theta_1) \mid \theta_1]$

等式的左边第一项为正，故有$p[-k(\theta_1) \mid \theta_1] > p[-k(\theta_2) \mid \theta_2]$。

设完全信息条件下银行的最优资本量分别为 $k_f(\theta_1)$、$k_f(\theta_2)$，相当于模型的拉格朗日乘数 $\beta = 0$，因而有 $p[-k_f(\theta_1) \mid \theta_1] = p[-k_f(\theta_2) \mid \theta_2]$，故有命题2。

命题2：$k_f(\theta_1) > k_f(\theta_2)$，说明在完全信息条件下 θ_1 类型的银行持有的资本量一定高于 θ_2 类型的银行持有的资本量。

从命题1、命题2可以看出，无论是完全信息，还是私人信息条件下，喜欢风险的银行持有的资本量一定高于不喜欢风险的银行持有的资本量。

命题3：(1) 若 $k(\theta_1) > k_f(\theta_1)$，则 $k(\theta_2) > k_f(\theta_2)$；(2) 若 $k(\theta_2) > k_f(\theta_2)$，则 $k(\theta_1) > k_f(\theta_1)$。

证明：完全信息一阶条件意味着

$p[-k_f(\theta_1) \mid \theta_1] = p[-k_f(\theta_2) \mid \theta_2]$

由模型的一阶条件可得

$p[-k(\theta_1) \mid \theta_1] > p[-k(\theta_2) \mid \theta_2]$

两式相减有：

$p[-k(\theta_1) \mid \theta_1] - p[-k_f(\theta_2) \mid \theta_2] < p[-k(\theta_1) \mid \theta_1] - p[-k_f(\theta_2) \mid \theta_2]$

先证 (1)：

若$k(\theta_1) > k_f(\theta_1) \Leftrightarrow -k(\theta_1) < -k_f(\theta_1) \Leftrightarrow p[-k(\theta_1) \mid \theta_1] < p[-k_f(\theta_1) \mid \theta_1]$

由假定2$\Leftrightarrow p[-k(\theta_1) \mid \theta_1] - p[-k_f(\theta_1) \mid \theta_1] < 0$

则$p[-k(\theta_2) \mid \theta_2] - p[-k_f(\theta_2) \mid \theta_2] < 0 \Leftrightarrow p[-k(\theta_2) \mid \theta_2] < p[-k_f(\theta_2) \mid \theta_2] \Leftrightarrow -k(\theta_2) < -k_f(\theta_2) \Leftrightarrow k(\theta_2) > k_f(\theta_2)$

类似可证 (2)。

命题3的含义是，如果θ_1类型的银行在私人信息条件下持有的资本量比完全信息条件下持有的资本量高，则θ_2类型的银行亦如此；反之，如果θ_2类型的银行在私人信息条件下持有的资本量比完全信息条件下持有的资本量低，则θ_1类型的银行亦如此。

综上所述，不同类型的银行持有的资本量是不同的。但无论如何，喜欢风险的银行持有的资本量一定比不喜欢风险的银行持有的资本量高。私人信息化解决方案下的总资本和所有银行都持有相同水平的资本下最佳配置的总资本是有差异的，这项措施将取决于监管机构使用罚款配置资本的能力。此结论符合预先承诺制的基本思想。

3.2.3.2 预先承诺制下激励相容监管机制的设计

鲁志勇、于良春（2005）在Kupiec和Brien提出的预先承诺制的理论基础上，讨论激励相容监管机制的设计及其在银行业规制中的应用。本书主要借鉴他们的模型，考察一个多样性惩罚比率以及不同的资本金水平的机制，并允许银行在不同的惩罚比率和不同的资本金水平之间作选择。

假定博弈的参与人有两个：监管者与银行。银行资产组合的风险分布是其私人信息，银行对资本金水平的选择取决于其私人信息—资产风险分布的概率密度函数。假定银行有两种类型资产：风险高的资产H和风险低的资产L，银行所属的类型只有银行自己知道，监管者事前不知道银行所属的类型。资产风险较高的银行在标准法下应该选择较高的资本金水平，满足资本标准的资本金水平可能不满足预先承诺制的要求。

库皮和布赖恩发展的成本函数为：

$$C(k,P)=\eta k-P\int_{-\infty}^{-k}(\Delta r+k)\mathrm{d}F(\Delta r) \qquad (3-6)$$

式中，k代表资本水平；η是资本的边际成本；P是罚金率；

Δr 是净资产回报（$-\Delta r$，$+\Delta r$）；F（Δr）是资产回报的分布函数，显然，$dF_H(\Delta r) > dF_L(\Delta r)$；如果出现资产损失——（$\Delta r-1$），超过了相应的成本水平 k，则 $1-k_i \geqslant \Delta r$，罚金总额为 $P_i * [(1-k_i)-\Delta r]$，$i=H$，L。银行成本 C 由 k、P 决定，其他因素忽略。则两种风险类型的银行成本函数分别为：

$$C_H^H = \int_{-\Delta r}^{1-K_H} P_H[(1-k_H)-\Delta r]dF_H(\Delta r) + \eta k_H \tag{3-7}$$

$$C_L^L = \int_{-\Delta r}^{1-K_L} P_L[(1-k_L)-\Delta r]dF_L(\Delta r) + \eta k_H \tag{3-8}$$

则满足激励相容的条件是：

$$(IC_H) \quad C_H^H = \int_{-\Delta r}^{1-K_H} P_H[(1-k_H)-\Delta r]dF_H(\Delta r) + \eta k_H$$

$$\leqslant \int_{-\Delta r}^{1-K} P_L[(1-k_L)-\Delta r]dF_L(\Delta r) + \eta k_L$$

$$(IC_L) \quad C_L^L = \int_{-\Delta r}^{1-K_L} P_L[(1-k_L)-\Delta r]dF_L(\Delta r) + \eta k_H$$

$$\leqslant \int_{-\Delta r}^{1-K_H} P_H[(1-k_H)-\Delta r]dF_L(\Delta r) + \eta k_H$$

监管者的目的是使商业银行的罚金最小化，并尽量减少对银行的资本金限制，同时要求相应的资产风险评估标准。按照这个目标设计的监管者的目标函数为：

$$\min\{K_L,K_H,P_L,P_H\} L = \delta * \{d[K_L-(1-F_L^{-1}(\frac{\eta}{P_L}))]^2 + [K_H - (1-F_H^{-1}(\frac{\eta}{P_L}))]^2\} + (1-\delta) * \max(0,K_L-K_H)(K_L \neq K_H) \tag{3-9}$$

式中，$\delta \in (0, 1)$，δ 后面括号中的式子代表两种资产风险类型的银行持有任何偏离最优资本金水平的成本，$(1-\delta)$后面括号中的式子代表监管者愿意让高风险资产类型的银行保持更高的资本金水平。这个模型是一个在满足激励相容的约束条件下的最优规划问题，而这个规划是可求解的。

模型的含义在于，在监管者设计的机制中，如果银行资产的风险分布是高风险类型，则它选择低风险类型的罚金率和相应的资本金水平。因为其说谎的动机是始终存在的，所带来的成本要高于它选择说真话时的成本，即约束条件表达式（IC_H），反之亦然。对于监管者来说，机制设计的目的在于实行一种有差别的监管，激励的基本原则是对资产风险分布不同的银行“区别对待”。

3.2.3.3 预先承诺制的激励相容特性

预先承诺制使银行作出的行为选择恰好是使监管机构效用最大化的行为选择，银行的经营目标与监管当局的监管目标达到一致，实现了激励相容的监管结果，体现了激励相容的特性。

1. 降低监管部门和银行的成本

从监管部门角度考虑，只需检查银行最终的风险管理结果，而不必关注审查管理的过程和细节，因此大大降低了监管成本；从银行角度考虑，减少了应对监管部门检查银行风险过程中的各种成本支出，可减少寻租行为的发生。由于那些选择难度更大的风险管理体系的银行受到了激励相容机制的激励，其所需要配置的资本金一般较少，可以用较少的资本金覆盖更大范围的资产，在金融市场的竞争中更容易获得竞争优势。

2. 激励银行增强信息的真实性

通过预先承诺制，银行可以根据风险评价机制测算自身的风险控制状况，并有激励告知监管当局其对未来最大损失的真实估计。如果银行低估了损失，就会有违背事先的承诺而承担被惩罚的风险，这样不仅会产生巨大的惩罚成本，而且会使监管当局干涉银行本身的业务；如果银行高估了损失，就会有更高的资本金要求，资本金的“闲置”成本同样对银行没有吸引力。显然，这种情况满足了激励机制的激励相容要求。

3. 促使银行提高风险管理水平

银行不仅要求对风险进行评估，更重要的是对风险进行精确有效的计量。风险估计偏颇，会导致成本增加甚至利润损失，基于此，银行就必须进行精确风险评估模型的研究和使用。此外，《巴塞尔协议》的监管要求是方向性的要求，对于所有金融机构的风险资本准备都要求采用同一种基本公式，而单个金融机构的自身条件不尽相同，仅银行来说，不同的银行在资本的数量与质量、风险管理技术的高低、实际持有资产组合等方面有较大差异。因此，一旦银行出现危机之后，银行就会把责任推到监管机构一方，认为监管机构确定的标准不适应、不准确。而在预先承诺制中，资本准备的最大限额是银行根据各自的风险管理模型和管理经验得出的，在发生超额损失的情况下，银行也就无法推卸责任，从而激励了银行提高内部风险管理模型的精确性和增强风险管理的能力，进而增加了监管的有效性。

4. 市场约束与行政监管相结合

对于监管者来说，激励相容的监管机制设计是在追求一种对银行业风险的“市场约束”与“行政约束”之间的平衡，预先承诺制更好地利用了市场和竞争，将市场约束与行政监管有效地结合起来。银行在没有发生损失时，主要依靠市场约束，通过加强市场纪律，协调市场力量来适应日益繁杂的金融交易；当发生超额损失时，资本金水平无法抵补风险，主要依靠监管当局的介入实施行政监管。在行政监管方面，预先承诺制更加提倡“放手”监管，将模型选择问题留给市场，尽量减少对银行业务的干预。

5. 给予银行灵活发展的空间

在预先承诺制下，监管当局并不会对银行自身的风险评价模型设定一个固定的参数，同行政命令的方式相比，银行较少受到约束和干预。只要其资本金水平和风险水平相适应，就可以经营自己偏好的业务。而只有事后证明银行的资本金水平不充分时，监管当局才会出面干预，因此银行能够灵活自如地研究和采用内部风险评价和管理方法。

3.2.4 存款保险制度的激励相容模型

存款保险制度是金融安全网构建中的必备环节，同时也是一把“双刃剑”——它在增强存款人信心、避免挤兑的同时也可能增加商业银行的风险承担，引发道德风险、逆向选择，危及金融体系的安全。激励相容的存款保险制度是商业银行安全性与有效性的重要保证，同时，也是各国存款保险制度的发展方向。

3.2.4.1 存款保险制度的作用

由于“代际遗忘”和“竞争压力”的影响，以及因金融市场信息不对称而产生的“逆向选择”和“道德风险”等问题，银行体系具有内在的脆弱性（Stiglitz & Weiss，1981；Minsky，1982）。一旦某家商业银行发生挤兑，基于金融机构之间债权债务关系的复杂联系（Aghion、Bolton、Dewatripont，2000）及挤兑信息蔓延造成的“羊群效应”（Rochet & Tirole，1996），会导致“多米诺骨牌”效应，单个银行的流动性冲击将会放大和蔓延，导致系统性的银行危机，使其他商业银行和金融机构纷纷倒闭。这对实体经济的正常运行会产生很大影响——贷款投资收缩或终止，政府支出大幅上升，社会产出急剧下降（Honohan & Klingebie，2003）。存款保险制度相当于为存款人提供了无风险资产，可以增强存款人的信心，防止系统性的信心危机。

3.2.4.2 存款保险制度的激励冲突与激励相容特性分析

商业银行存在大量分散的中小存款人，他们关于银行风险状况的信息不完全，监督银行的成本很高（Folkerts - Landau、Lindgren、Fund，1998），“免费搭便车”现象普遍存在。监督的高成本导致了监管的缺乏，存款保险制度的存在使存款人将监督商业银行运营的责任“转嫁”给存款保险公司，希望它能凭借规模经济的优势更有效地对银行进行监管，这是一个典型的多重委托代理关系。如本节前面所述，存款人（社会公众）与存款保险公司（监管机构）、存款保险公司（监管机构）与商业银行（金融机构）之间存在着激励冲突——商业银行管理者对于自己的业务和风险有着明显的信息优势，他们会想尽办法逃避监管，损害存款人的利益，在存款保险的保护之下，商业银行涉险从事高风险业务的动机将会更加强烈；存款人在存款保险制度的保护之下不会根据银行资产风险要求相应的利率，从而没有监督银行的动力（Sharpe，1978）；监管当局也会因为银行在存款保险制度下不大可能发生清偿危机而在监管行为上表现得更为宽容（Garcia，1999）。

在采用单一保险费用的存款制度下，银行将在监管允许的范围内最大化自己的风险资产，参与存款市场激烈竞争，盲目追求高收益，过度冒险，造成巨额的坏账处置成本（Gennotte & Pyle，1991；Matutes & Vives，1996）。这会使稳健经营的商业银行因费率不公而退出存款保险体系，使系统风险上升。同时存款保险机构会要求更高的费率，更多的银行将会因为无法负担高额的保险费用而退出，从而导致存款保险体系破产；而强制性的存款保险则相当于稳健经营的银行补贴从事高风险业务的银行，这显然是无效率的。单一保险费用的存款保险机制，既不能实现保证银行稳定性的目标，又无法促进银行进行有效经营，这将导致激励冲突，最终使商业银行从事高风险业务而不用付出高额成本的保险费用，存款保险机制将无法存续下去。

基于风险调整费率的存款保险制度，对商业银行进行的高风险的经营活动征收高比例的税率，可以促使商业银行在承担最多风险以追逐最大收益与尽量规避风险以降低存款保险费用、从而减少成本之间谋求一个最优的平衡，提高商业银行内部风险管控水平。该存款保险制度配合“早期干预/关闭”政策、“狭义银行”政策和加强“市场纪律”（Calomiris，1999）等政策，将进一步规范银行的风险承担行为，防止道德风险的产生。同时与资本充足性监管有机结合，将克服存款保险的逆向激励，实现银行监管的最优（Cooper & Ross，2002）。基于风险调整费率的存款保险制度，有利于促使商业银行的风险承担行为在满足监管机构和存款人对于其稳健性要求的条件下，实现经营效率，从而达到激励相容的结果。在本节的以下部分我们将着重讨论基于 BS 期权定价模型的风险调整保费机制。

3.2.4.3 激励相容的存款保险制度设计——基于风险调整费率的存款保险制度

Merton（1977）指出，为商业银行提供担保相当于存款保险机构向其发行了一项看跌期权，允许商业银行在到期日以被保险存款的价值出售资产。于是，可以利用 BS 期权定价公式求出存款保险的公允价值。存款保险机构承诺支付的金额 B 相当于看涨期权的执行价格 E，商业银行在到期日的资产价值 V 相当于公司的股票价格 S。根据 BS 期权定价公式，可求出存款保险的价值 G（即相当于期权价格 P）：

$$G(T) = Be^{-rT}\Phi(x_2) - V\Phi(x_1) \tag{3-10}$$

其中$x_1 = \{\ln \frac{B}{V} - (r + \frac{\sigma^2}{2})T\} / \sigma\sqrt{T}$

$$x_2 = x_1 + \sigma\sqrt{T}$$

当存款保险覆盖了存款的本金和利息时，被保险的存款即可以被视为无风险的，它的现值可以写成 $D = Be^{-rT}$，利用它可求得每单位被保险存款的保险价值 g［即 $G(T)/D$］：

$$g(d,\tau) = G(T)/D = \Phi(h_2) - \frac{1}{d}\Phi(h_1) \tag{3-11}$$

其中 $h_1 = \{\ln d - \frac{\tau}{2}\}/\sqrt{\tau}$；

$h_2 = h_1 + \sqrt{\tau}$

在这个式子中，$d = D/V$ 为现时存款对资产价值的比率，$\tau = \sigma^2 T$ 是在存款期内资产价值对数变化的方差。由于 $\frac{\partial g}{\partial d} = \Phi(h_1)/d^2 > 0$，$\frac{\partial g}{\partial \tau} = \Phi'(h_1)/(2d\sqrt{\tau}) > 0$，因此当 d 和 τ 两项中任意一项增大时，都会增加每单位被保险存款的保险价值，即杠杆比率越高（d 较大）和风险越大（τ 较大）的商业银行存款保险的价值越大，存款保险机构要求的保险费率也就越高。这也进一步证实了在单一费率存款保险模式下，商业银行会不顾自身资产水平，极力多吸收存款、多放出贷款、最大化风险水平，以通过增加存款保险价值使自身价值和利润达到最大化。

由于在 Merton（1977）模型中，商业银行的资产价值 V 和波动率 σ 不能被直接观测到，因此在实际应用中需要对其值作出一些估计。Marcus & Shaked（1984）指出，商业银行在获得存款保险前后资产价值是不同的，利用公式 $V = D + E - G$，将该式带入 Merton（1977）模型可以估计存款保险的真实价值，其中 E 为股权价值。而传统的利用 $V = D + E$ 来衡量 V 的方法，将高估商业银行的资产价值，进而低估存款保险价值。Merton（1974）还指出，商业银行资产的波动率与其权益的波动率相关：$\sigma = \sigma_E[1 - \frac{B_T e^{-rT}\Phi(x_2)}{e^{-\sigma T}V\Phi(x_1)}]$，此处 σ_E 是指商业银行所有者权益回报率的标准差，而 σ_E 是比较容易测定的。这样，通过 Marcus & Shaked

（1984）模型，就能得出 Merton（1977）模型中自变量的值，也就容易得到存款保险的公允价值。

Ronn & Verma（1986）进一步使用 BS 期权定价法对商业银行的真实价值 V 进行测定。在此处，商业银行的股权价值被看作是一项关于资产价值的看涨期权，执行价格为该商业银行负债的到期值。Ronn & Verma（1986）在对商业银行价值测定的模型中引入了系数 ρ（$0 < \rho \leqslant 1$）。一般情况下，当商业银行的资产价值跌到债务总额以下时，存款保险机构并不会立即清算其资产，而是通过注资或暂时关闭等方式对其进行拯救。然而一旦资产价值跌到 ρB 以下，再任由商业银行的状况恶化下去代价将可能十分昂贵，因此存款保险机构会立即清算其资产。于是，经过系数 ρ 修正，根据 BS 期权定价公式，得到模型 $E = V\Phi(x) - \rho B\Phi(x - \sigma_v \sqrt{T})$，其中 $x \equiv \dfrac{\ln(V/\rho B) + \sigma_v^2 T/2}{\sigma_v \sqrt{T}}$；而 $\sigma_V = \dfrac{\sigma_E E}{V\Phi(x)}$。应注意到，购买存款保险之后商业银行会选择承担更多风险，因此存款保险机构应根据商业银行获得存款保险之后的资产波动性 σ_v 来为存款保险定价。商业银行股权和债务的价值可以直接通过市场得到，股权波动率易于估计，利用债务总额、股权以及股权的波动率通过上式即可求得资产价值和资产的波动率，进而得到存款保险的公允费率。

由于不同商业银行存款对资产的价值比率 d 和风险程度——存款期内资产价值对数变化的方差 τ 不尽相同，根据 BS 期权定价法可以使存款保险机构对不同的被保险人实施差别费率，进而促使商业银行调整自己的风险行为，使其在收益和风险之间达到最优平衡。这样，基于风险调整差别费率的存款保险制度模仿了市场机制的运行，完全通过市场的力量对商业银行进行监督与约束，为商业银行提供了正确的激励，既保证了存款的安全，又促进了商业银行进行有效的风险管理，从而达到激励相容。

3.2.5 基于多任务多重委托代理的模型

如前所述银行治理存在多重委托代理关系：第一是银行股东与经营者之间的代理关系，第二是存款人和其他债权人与银行之间的代理关系，第三是政府特许经营下监管当局与银行之间的代理关系，第四是社会公众（存款人和其他利益相关者）与监管当局之间的代理关系。

银行股东与经营者之间的代理问题可以通过内部治理机制的完善得到解决，而众多存款人和其他利益相关者与银行经营者之间的代理问题则很难通过委托人的监督来解决，因为在信息严重不对称及政府提供显性或隐性存款保险的情况下，监督的高成本和免费搭便车问题使存款人和其他利益相关者缺乏监督激励，此时政府理所当然地成为了他们的利益保护者或代理人。根据经济学一般假设，政府监管代表社会公众利益，维护金融稳定、实现社会福利最大化①，同时也为了使模型分析集中于银行治理的基本特征和主要方面，我们将上述多重委托代理关系简化为：银行股东与经营者之间以实现股东权益最大化为目标、政府监管当局与银行经营者之间以实现社会福利最大化为目标的双重委托代理关系。其中，双重代理关系之间并非相互独立，而是存在一定的交互作用，监管在增强银行风险控制的同时，会增加银行经营成本，弱化经营业绩激励，降低资产收益；而银行经营业绩激励的强化，会弱化风险控制的激励。银行股东与经营者之间代理关系的刻画反映了银行内部治理的基本特征，监管当局与经营者之间代理关系的刻画体现了银行外部治理的主要内容，因而简化后的

① 一般认为，社会公众可以通过最优监管合同设计，使监管当局与社会公众的目标达成一致；但有些学者（Campbell，1992；Boot & Thakor，1993）认为，信息不对称会使监管目标偏离社会福利最大化。这里仍沿用监管的社会福利最大化目标假设。

双重委托代理关系反映了银行治理的主要方面。

依据 HM（1991）模型，首先设定委托人和代理人的效用函数与成本函数。假定银行股东和监管当局的风险偏好均为中性；经营者为规避风险，且效用函数 $u(\cdot)$ 具有不变绝对风险规避度特征，$u(w) = -e^{-rw}$，其中 r 为绝对风险规避程度，w 为收入水平，经营者的保留收入水平为 $\bar{w}$。经营者主要从事两类经营活动：一是选择最佳资产组合，实现股东权益最大化；二是控制银行风险，保证银行稳健经营，实现债权人风险最小化。风险控制可增进社会福利，但会减少银行的获利机会，降低资产收益和利润水平。

设 $e = (e_1, e_2)$ 为经营者努力水平向量，其中 e_1 和 e_2 分别表示经营者为实现资产收益最大和控制风险付出的努力水平。两种努力水平是隐藏信息，但可通过观测银行利润水平 R 和资产质量（或风险水平）L 得到反映。设观测到的两种努力的货币化产出为：

$$R = e_1 + \varepsilon_1 \tag{3-12}$$

$$L = e_2 + \varepsilon_2 \tag{3-13}$$

利润水平 R 反映了经营者第一种努力水平 e_1 的高低，资产质量 L 反映了经营者第二种努力 e_2 的大小；ε_1、ε_2 为外生随机变量，并假定 $\varepsilon_i \sim N(0, \sigma_i^2), i = 1, 2$。$\varepsilon_1$、$\varepsilon_2$ 的方差—协方差矩阵记为 Σ。由于股东和监管当局均为风险中性，银行的货币化总产出为：$\pi(e_1, e_2) = e_1 + e_2$。进一步假设，经营者的成本函数 $C(e_1, e_2)$ 是严格递增凸函数，即 $C_1 = \partial C / \partial e_1 > 0$，$C_{11} = \partial^2 C / \partial e_1^2 > 0$，类似的，$C_2 > 0, C_{22} > 0$，并假定两项任务具有相互独立的边际成本，即 $C_{12} = C_{21} = 0$。同时记矩阵 $[C_{ij}] = \begin{pmatrix} C_{11}, C_{12} \\ C_{21}, C_{22} \end{pmatrix}$。

考虑到目前绝大多数国家通过实施最低资本充足率要求对银

行进行监管，即银行资本充足率高于或等于该标准，银行不受处罚可继续经营；如果资本充足率低于该要求则受到处罚甚至停业整顿。为了得到最优的经营者风险控制激励水平，这里假定监管当局对经营者的风险控制实施补偿机制，即经营者的风险控制努力同样进入激励契约。假定经营者的报酬函数为线性：$s(R,L) = \alpha + \beta_1 R + \beta_2(L - L_0)$，其中，$\alpha$、$\beta_1$ 分别为银行股东为经营者提供的固定报酬和盈利分成比例，β_2 为监管当局对风险控制的激励约束（奖罚）系数，L_0 为监管当局设定的最低资产质量标准，L 为银行实际的资产质量水平。在上述假定条件下，经营者实际收入为 $w = s(R,L) - C(e_1,e_2)$，期望效用函数为：

$$
\begin{aligned}
E[u(w)] &= \iint -\exp[-r(\alpha + \beta_1 R + \beta_2(L - L_0) - C(e_1,e_2)] \\
&\quad f(R)g(L - L_0)\,\mathrm{d}R\mathrm{d}L \\
&= -\exp\{-r[\alpha + \beta_1 e_1 + \beta_2(e_2 - L_0) - r\beta^T\Sigma\beta/2 - \\
&\quad C(e_1,e_2)]\}
\end{aligned} \tag{3-14}
$$

其中，$f(R)$、$g(L - L_0)$ 分别是 R 和 L 的密度函数，$\beta^T\Sigma\beta$ 为经营者收益的方差。因而经营者的确定性等价收入为：

$$CE = \alpha + \beta_1 e_1 + \beta_2(e_2 - L_0) - r\beta^T\Sigma\beta/2 - C(e_1,e_2) \tag{3-15}$$

经营者的效用最大化即为确定性收入最大化，对其 e_1、e_2 求导数，可得到最优一阶条件：

$$\frac{\partial CE}{\partial e_1} = \beta_1 - \frac{\partial C(e_1,e_2)}{\partial e_1} = 0, \beta_1 = C_1 \tag{3-16}$$

$$\frac{\partial CE}{\partial e_2} = \beta_2 - \frac{\partial C(e_1,e_2)}{\partial e_2} = 0, \beta_2 = C_2 \tag{3-17}$$

由于银行股东风险是中性的，其最优化问题可表述为：

$$\underset{\alpha,\beta_1}{\mathrm{Max}}\{R(e_1) - \alpha - \beta_1 R(e_1)\} = \underset{\alpha,\beta_1}{\mathrm{Max}}\{e_1 - \alpha - \beta_1 e_1\} \tag{3-18}$$

$$s.t. \quad \alpha + \beta_1 e_1 + \beta_2(e_2 - L_0) - r\beta^T\Sigma\beta/2 - C(e_1,e_2) \geqslant \bar{w} \tag{3-19}$$

$$e_1 \in \arg \beta_1 = C_1 \tag{3-20}$$

其中，（3-19）式是经营者的参与约束，（3-20）式为激励相容约束，β_2 是外生给定的。求解一阶条件为：

$$\beta_1^{**} = \frac{1 - r\beta_2\sigma_{12}C_{11}}{1 + r\sigma_1^2 C_{11}} \tag{3-21}$$

监管当局的最优化问题可表述为：

$$\mathop{\mathrm{Max}}_{\beta_2}\{L(e_2) - \beta_2(L - L_0)\} = \mathop{\mathrm{Max}}_{\beta_2}\{e_2 - \beta_2(e_2 - L_0)\} \tag{3-22}$$

$$s.t. \quad \alpha + \beta_1 e_1 + \beta_2(e_2 - L_0) - r\beta^T\Sigma\beta/2 - C(e_1, e_2) \geqslant \bar{w} \tag{3-23}$$

$$e_2 \in \arg \beta_2 = C_2 \tag{3-24}$$

（3-23）式、（3-24）式分别是经营者的参与约束和激励相容约束。求解一阶条件为：

$$\beta_2^{**} = \frac{1 - r\beta_1\sigma_{12}C_{22}}{1 + r\sigma_2^2 C_{22}} \tag{3-25}$$

接下来比较 HM（1991）单一委托人多任务模型的解与本文双重委托人多任务模型最优解的差别。将银行股东、监管当局两个单独的最优化问题合并得到：

$$\mathop{\mathrm{Max}}_{\alpha,\beta_1,\beta_2}\{R(e_1) + L(e_2) - \alpha - \beta_1 R(e_1) - \beta_2(L - L_0)\} = \mathop{\mathrm{Max}}_{\alpha,\beta_1,\beta_2}\{\pi(e_1, e_2) - \alpha - \beta_1 e_1 - \beta_2(e_2 - L_0)\}$$

$$s.t. \quad \alpha + \beta_1 e_1 + \beta_2(e_2 - L_0) - r\beta^T\Sigma\beta/2 - C(e_1, e_2) \geqslant \bar{w}$$

$$e_1 \in \arg \beta_1 = C_1 \;;\; e_2 \in \arg \beta_2 = C_2$$

对上式求解一阶条件为：

$$\begin{aligned}\beta^* &= (\beta_1^*, \beta_2^*)^T \\ &= [I + r(C_{ij})\Sigma]^{-1}[\partial\pi(e_1,e_2)/\partial e_1, \partial\pi(e_1,e_2)/\partial e_2]^T\end{aligned} \tag{3-26}$$

其中 I 为单位矩阵。上述最优化问题与 HM（1991）模型具有完全相同的结构，并且一阶条件也相同。可以验证，如果监管当局提供最优激励契约，即 $\beta_2^{**} = \beta_2^*$，股东也正好提供最优激励水平，即 $\beta_1^{**}=\beta_1^*$ ，反之亦然。其经济含义是：在信息完全条件下，委托人之间不存在激励冲突，由股东和监管当局各自提供最优激励契约，与由单一委托人（这里可假定为股东）同时为两项任务提供最优激励契约是完全相同的，即多个委托人行动一致等同于单一委托人。因此，HM（1991）模型可以看成本文模型的一个特例。

结合中国监管实践，本文更关心的是，如果监管当局未能提供最优的激励系数为 $\beta_2(<\beta_2^*)$ ，即一个委托人提供激励不足，另一个委托人提供将如何选择最优激励契约。首先，由于 $(\beta_1^*,\beta_2^*)^T$ 是同时最大化股东和监管当局总产出的最优激励系数，激励系数 $(\beta_1^{**},\beta_2)^T$ 必然导致股东和监管当局总产出减少，造成福利损失。因此，$(\beta_1^{**},\beta_2)^T$ 可看成是监管当局激励不足时的一种次优激励安排。其次，比较 β_1^{**} 和 β_1^* ，可以验证在 $\beta_2<\beta_2^*$ 条件下，$\beta_1^{**}>\beta_1^*$ 。其经济含义是：当监管当局提供的激励不足时，股东提供的与银行资产收益相联系的激励将被强化。此时股东的期望产出提高，而监管当局的产出减少，从而使总产出减少。

依据（3－21）式，进一步讨论股东提供次优激励解的性质。通常情况 $\sigma_{12}>0$ ，即两项任务资产收益最大化和控制银行风险之间是互补的，同时 $r>0$, $C_{11}>0$ ，因而在监管当局提供激励系数 $\beta_2\leqslant 0$ 时，股东的次优激励水平 $\beta_1^{**}>0$①。其经济含义是：经营者从事两项任务，但在第二项任务不存在激励或存在负向激励时，股东要实现最优化，必须为经营者提供正向激励。因此，提出研究假设1：在监管当局提供激励系数 $\beta_2\leqslant 0$ 时，股东将为经营者提供的次优激励系数 $\beta_1^{**}>0$ 。

① 一个特例，$\beta_2=0$ 时，$\beta_1^{**}=\dfrac{1}{1+r\sigma_1^2C_{11}}$，$\beta_1^{**}$ 正好是单一委托人，单一任务模型的最优解。

当 $\sigma_{12} > 0$，$r > 0$，$C_{11} > 0$ 以及 $\beta_2 \leqslant 0$ 时，σ_1^2 增加将降低次优激励系数 β_1^{**}。其经济含义是：当第一项任务难以观测时，与第一项任务相联系的激励将被弱化。因此，提出研究假设 2：当 $\beta_2 \leqslant 0$ 时，σ_1^2 增大，股东提供的次优激励系数 β_1^{**} 将降低。

在 $\sigma_{12} > 0$，$r > 0$，$C_{11} > 0$ 及 $\beta_2 \leqslant 0$ 时，β_1^{**} 与 σ_{12} 负相关。其经济含义是：经营者从事两项正相关的任务，第二项任务不提供激励或提供负向激励，要提高经营者第一项任务的努力，只能通过强化与第一项任务相联系的激励。因此，提出研究假设 3：在监管当局提供激励系数 $\beta_2 \leqslant 0$ 时，股东提供的次优激励系数 β_1^{**} 随两项任务之间的协同性增加（σ_{12} 增加）而加强。

4 实证分析

本章在上述理论研究的基础上，以中国上市银行为研究样本，采用14家上市银行的非平衡面板数据，检验上一章理论分析中提出的三个理论研究假设，对中国商业银行高管的最优薪酬契约和风险控制激励的设计问题进行了实证分析。

4.1 数据来源与说明

由于2001年之前上市公司年报披露的高管薪酬数据不完整[①]，因此本文选择了2001年至2007年间的14家上市银行为研究样本。高管薪酬数据、财务数据、公司治理数据等均来自上市公司年报和年报补充报告，年报来自上交所网站（www.sse.com.cn）和深交所网站（www.szse.cn）。

4.2 研究变量与研究设计

研究变量的定义见表4-1。

① 只披露了董事、监事和高级管理人员高管薪酬的区间，导致无法准确计算高级管理人员的薪酬。

表4-1 研究变量定义

	变量名	定义和取值方法
因变量	*PAY_A*	高管绝对薪酬：金额最高三名高管的年薪之和的自然对数
	PAY_R	高管相对薪酬：金额最高三名高管的平均薪酬/员工的平均薪酬，员工的平均薪酬=支付给职工以及为职工支付的现金/员工人数
自变量	*ROA*	总资产收益率：净利润/平均总资产
	ROA_a	平均总资产收益率：当年、前一年、前两年*ROA*的平均值
	EX_CA	超额资本充足率：我国监管当局已明确规定了8%的最低资本充足要求，因此，超额资本充足率=资本充足率-8（单位:%）
	EX_CA_a	平均超额资本充足率：当年、前一年、前两年*EX_CA*的平均值①
	Var	*ROA*波动率虚拟变量：波动率用当年、前一年、前两年*ROA*的标准差计算，波动率大于样本银行中位数取1，否则取0
	CoVar	*ROA*与*EX_CA*协方差虚拟变量：协方差用当年、前一年、前两年*ROA*和*EX_CA*数据计算，协方差大于样本银行中位数取1，否则取0
控制变量	*C_Lev*	最终控制人层级：中央政府，取1；地方政府，取2；外资及民营，取3
	RAC	薪酬与考核委员会：设立，取1；不设立，取0
	DUAL	董事长、总经理（行长或*CEO*）两职设立情况：兼任，取1；副董事长兼任行长或*CEO*，取2；完全分离，取3
	LNTA	银行规模：总资产的自然对数
	DEBT	资产负债率：负债合计/总资产
	BD	董事会规模（人数）
	ID	独立董事比例：独立董事人数/董事会人数

① 由于大部分上市银行上市时间比较短，而通过银行的财务报告或招股说明书基本都只能追溯到上市前两年的相关数据，因此，本文中仅依据当年、前一年、前两年的数据进行相关计算。

（续上表）

	变量名	定义和取值方法
控制变量	*SC*	监事会规模（人数）
	FST	第一大股东持股比例
	Year	年度虚拟变量：样本数据分布于2001—2007年，共设6个虚拟变量

根据上述理论模型，银行投资人（股东）和监管当局作为委托人，同时为经营者提供薪酬激励，其中，股东提供与经营绩效相联系的激励，监管当局提供与风险控制（超额资本充足率）相联系的激励。根据研究假设，本文建立如下计量模型：

$$PAY_{it} = \beta_0 + \beta_1 ROA_{it} + \beta_2 EX\_CA_{it} + \gamma Control_{it} + \varepsilon_{it} \quad (4-1)$$

$$PAY_{it} = \beta_0 + \beta_1 ROA_{it} + \beta_2 EX\_CA_{it} + \beta_2 ROA_{it} * Var_{it} + \gamma Control_{it} + \varepsilon_{it} \quad (4-2)$$

$$PAY_{it} = \beta_0 + \beta_1 ROA_{it} + \beta_2 EX\_CA_{it} + \beta_2 ROA_{it} * CoVar_{it} + \gamma Control_{it} + \varepsilon_{it} \quad (4-3)$$

$$PAY_{it} = \beta_0 + \beta_1 EX\_CA_{it} + \beta_2 EX\_CA_{it} * CG_{it} + \gamma Control_{it} + \varepsilon_{it} \quad (4-4)$$

其中PAY_{it}代表高管薪酬，分别取绝对薪酬和相对薪酬。$Control_{it}$为表4-1中定义的所有控制变量，CG_{it}为某种特定的公司治理机制。模型（4-1）考察高管薪酬与公司业绩和风险控制之间的敏感性，检验研究假设1；模型（4-2）考察业绩波动性对股东提供的激励水平的影响，检验研究假设2；模型（4-3）考察经营绩效与风险控制的协同性对股东提供的激励水平的影响，检验研究假设3；模型（4-4）主要考察公司治理机制是否能够强化高管薪酬激励与风险控制之间的联系。

4.3 主要研究变量的描述性统计

表4－2报告了主要研究变量的描述性统计。从表4－2可看出，14家上市银行金额最高的三名高管的年薪之和分布在51万元（浦发银行，2001年）到2 420万元（民生银行，2007年）之间，平均达到515万元。相对薪酬方面，高管人均薪酬最高达到员工薪酬的42.37倍（中国银行，2006年），平均为9.45倍。据陈冬华等（2005）对一般行业的研究，高管人均薪酬平均为员工薪酬的3.99倍（非国有）和2.5倍（国有），我国上市银行高管薪酬的激励强度相对一般行业公司而言明显偏高，超额资本充足率平均为2.54%。深圳发展银行是唯一一家资本充足率长期未达到8%的上市银行，但深圳发展银行金额最高的三名高管的年薪酬在2006年和2007年分别达到593万元和1 124万元。*CoVar*平均值为正，表明银行经营者的两项任务（利润水平和风险控制）之间存在正相关关系（顺便指出，样本银行的*ROA*和*EX_CA*相关系数为0.700 8）。此外，截至2007年，14家上市银行中为中央政府控制的有6家，地方政府控制的有5家，其余3家上市银行为外资企业或民营企业集团。

表4－2 主要研究变量的描述性统计结果（样本量=43）

变量	均值	最小值	最大值	标准差
PAY_A	15.04	13.14	17.00	0.92
PAY_R	9.45	1.38	42.37	9.11
ROA	0.007	0.002	0.018	0.004
EX_CA	2.54	－5.70	22.67	4.79
ROA_a	0.006	0.002	0.013	0.003

（续上表）

变量	均值	最小值	最大值	标准差
EX_CA_a	2.124	－4.763	10.500	2.924
Var	0.001 5	0.000 1	0.007 0	0.001 5
CoVar	0.002 1	－0.000 5	0.014 6	0.003 2

4.4 实证结果分析

4.4.1 银行业绩、风险控制与高管薪酬

本文首先考察了高管薪酬对银行经营业绩、风险控制的敏感性，回归结果见表4－3。

表4－3 银行业绩、风险控制与高管薪酬（样本量＝43）

变量	*PAY_A*				*PAY_R*			
ROA	100.2***		55.064	34.184	1 390***		414.926	－367.46
	(3.63)		(1.34)	(0.75)	(2.90)		(0.92)	(－0.68)
EX_CA	－0.113*		－0.104*	－0.082	－0.613		－0.420	0.215
	(－1.98)		(－1.93)	(－1.63)	(－0.89)		(－0.81)	(0.45)
ROA_a		123.16*				1 574.0*		
		(1.80)				(1.75)		
EX_CA_a		－0.171**				－1.345		
		(－2.71)				(－1.55)		
ROA＊Var			36.30*				784.6***	
			(1.87)				(3.59)	
ROA＊CoVar				47.983**				1 277***
				(2.24)				(4.63)

（续上表）

变量	PAY_A				PAY_R			
C_LEV	0.280*	0.252	0.254*	0.290**	2.023	1.688	1.465	2.283
	(2.03)	(1.61)	(1.82)	(2.13)	(1.14)	(0.85)	(0.94)	(1.61)
RAC	0.472*	0.471	0.411*	0.476**	5.601	4.886	4.275	5.706*
	(1.84)	(1.59)	(1.72)	(2.08)	(1.65)	(1.40)	(1.48)	(1.99)
DUAL	0.384**	0.431***	0.412***	0.382***	2.346	2.892	2.946	2.284*
	(2.61)	(2.77)	(2.84)	(2.86)	(1.23)	(1.31)	(1.59)	(1.75)
LNTA	0.060	0.128	0.011	0.099	0.477	0.913	-0.572	1.528
	(0.45)	(0.84)	(0.08)	(0.75)	(0.26)	(0.42)	(-0.36)	(1.05)
DEBT	-12.911	-6.009	-10.21	-7.022	-24.833	-23.743	33.512	131.99
	(-1.01)	(-0.60)	(-0.90)	(-0.67)	(-0.15)	(-0.18)	(0.26)	(1.29)
BS	0.003	0.019	0.037	0.020	0.386	0.518	1.123**	0.850*
	(0.06)	(0.41)	(0.76)	(0.49)	(0.82)	(0.98)	(2.43)	(2.16)
ID	-3.077	-3.412*	-3.592*	-3.084*	-21.395	-30.296	-32.527	-21.573
	(-1.68)	(-1.81)	(-1.85)	(-1.89)	(-0.81)	(-1.16)	(-1.21)	(-1.49)
SC	-0.071	-0.099	-0.093	-0.064	-1.332	-1.361	-1.790**	-1.120
	(-0.83)	(-1.19)	(-1.06)	(-0.75)	(-1.52)	(-1.69)	(-2.11)	(-1.64)
FST	0.878	1.051	0.817	1.134	29.306	30.328*	27.987**	36.12***
	(0.91)	(0.96)	(0.89)	(1.37)	(2.13)	(1.78)	(2.31)	(4.07)
C	24.720**	16.153**	23.48**	17.837*	3.883	-8.131	-23.023	-179.40*
	(2.11)	(2.21)	(2.20)	(1.79)	(0.03)	(-0.09)	(-0.24)	(-2.04)
Year	YES	YES	YES	YES	YES	YES	YES	YES
R^2	0.872	0.856	0.880	0.884	0.806	0.767	0.846	0.899

注：高管薪酬和银行业绩、超额资本充足率之间可能存在较强的内生性问题，我们尝试使用滞后一期银行业绩和滞后一期超额资本充足率作为解释变量，以降低内生性问题，回归结果不改变本文的基本结论；括号中的数字是经异方差修正的稳健的 *T* 值，*、** 和 *** 分别代表显著性水平为 10%、5% 和 1%。

表 4-3 反映出，高管绝对薪酬和相对薪酬都与银行经营绩效显著正相关，这与陈学彬（2005）、郭新明（2009）的发现一致。他们发现，银行高管薪酬与资产收益率存在较强的正相关

性，但与代表风险控制的超额资本充足率之间为负相关关系，表明在监管当局不提供激励或提供负向激励条件下，银行股东向经营者提供了与经营业绩相联系的正向激励，支持了研究假设1。上述实证结果反映了目前我国银行监管与银行薪酬契约设计的真实情况，即上市银行的激励主要来源于经营业绩，而缺乏风险控制激励，监管当局并未提供相应的激励约束机制，导致高管人员将主要精力放在银行业绩方面，而忽视了对银行风险的控制。比如深圳发展银行2005—2007年资本充足率分别为3.7%、3.71%和5.77%，但高管薪酬和董事薪酬却在14家银行中名列前茅。

模型（4-2）的实证结果，在业绩低波动性的银行中（*Var* = 0），*ROA* 的回归系数为55.064，而在业绩波动性高的银行中（*Var* = 1），*ROA* 的回归系数为91.364，两者之间的差异性显著，即业绩波动率高的银行，股东为经营者提供了更强的激励，与研究假设2不一致。这可能是因为目前上市银行普遍建立起了与经营业绩相联系的薪酬契约，但薪酬契约的内容仍不够完善，薪酬与经营业绩的波动性之间未建立起最优的联系。

模型（4-3）的实证结果表明，经营者两项任务（经营业绩与风险控制）之间的一致性增强时，股东为经营者提供了更高的激励系数，这支持了研究假设3。

表4-3还表明，国家控制的上市银行提供的薪酬水平低于地方政府和外资控制的上市银行，薪酬考核委员会的设立和两职兼任的分离会提高高管的绝对薪酬水平，而独立董事比例的提高将降低银行高管的薪酬水平。

4.4.2 如何强化风险控制与高管薪酬之间的联系

模型（4-4）探讨了目前上市公司中普遍建立起的几种治理机制在强化高管薪酬与风险控制及其敏感性方面的作用。回归结果见表4－4[①]。

表4－4 公司治理机制、风险控制与高管薪酬（样本量＝43）

变量	PAY_A			PAY_R		
EX_CA	－0.124**	－0.442**	－0.169**	－0.575	－2.809	－1.254
	(－2.08)	(－2.58)	(－2.68)	(－0.57)	(－1.18)	(－1.09)
EX_CA * RAC	0.184**			1.712*		
	(2.31)			(1.90)		
EX_CA * ID		0.983**			7.173	
		(2.28)			(1.37)	
EX_CA * FST			0.530**			6.529*
			(2.42)			(1.76)
C_LEV	0.337**	0.250	0.205	2.572	1.837	1.103
	(2.33)	(1.55)	(1.29)	(1.34)	(0.91)	(0.52)
RAC	0.143	0.300	0.464*	2.495	4.290	5.488
	(0.51)	(1.18)	(1.73)	(0.69)	(1.02)	(1.34)
DUAL	0.231	0.478***	0.340**	0.835	2.911	1.771
	(1.66)	(2.81)	(2.50)	(0.46)	(1.33)	(0.97)
LNTA	－0.090	0.063	0.008	－0.840	0.607	－0.138
	(－0.50)	(0.47)	(0.05)	(－0.34)	(0.33)	(－0.07)
DEBT	－14.960	－15.887	－13.989	－47.740	－52.074	－39.405
	(－1.07)	(－1.15)	(－0.93)	(－0.20)	(－0.23)	(－0.18)
BD	－0.003	0.099*	0.034	0.462	1.269*	0.816
	(－0.06)	(1.76)	(0.74)	(0.88)	(1.76)	(1.33)

① 除表4－4中报告的薪酬考核委员会、独立董事制度和大股东控制三类公司治理机制外，我们还考察了董事会规模、最终控制人层级、两职设立情况、负债水平等公司治理机制，在加强高管薪酬与风险控制之间联系的作用，但这些治理机制的作用均不显著，限于篇幅未报告这些回归分析的结果。

（续上表）

变量	PAY_A			PAY_R		
ID	-3.741*	-6.827**	-3.178*	-30.680	-53.219*	-23.688
	(-1.95)	(-2.71)	(-1.77)	(-1.14)	(-1.98)	(-1.05)
SC	-0.116	-0.133	-0.117	-1.795	-1.853*	-1.908
	(-1.25)	(-1.58)	(-1.41)	(-1.51)	(-1.83)	(-1.70)
FST	1.686	1.347	-1.581	38.644*	35.341*	-0.386
	(1.18)	(1.08)	(-0.93)	(1.78)	(1.74)	(-0.01)
C	32.349**	28.151**	28.125**	78.538	33.573	46.948
	(2.69)	(2.29)	(2.20)	(0.40)	(0.17)	(0.24)
YEAR	YES	YES	YES	YES	YES	YES
R^2	0.857	0.856	0.854	0.752	0.743	0.763

注：括号中的数字是经异方差修正的稳健的 T 值，*、**和***分别代表显著性水平为10%、5%和1%。

上市银行相比一般上市公司而言，重要区别之一在于银行管理层面临的多任务性，既要考虑银行的盈利状况，又要考虑银行的风险控制。研究表明，设立薪酬与考核委员会将有助于全面评价高管的工作业绩，如经营业绩、风险控制、社会责任等。表4-4表明，EX_CA * RAC 的回归系数显著为正，而 EX_CA 的回归系数为负，说明设立薪酬与考核委员会将显著影响风险控制与高管薪酬的相关性，风险控制的薪酬激励效应得到强化，在不设立薪酬与考核委员会的银行中，高管薪酬与银行风险控制负相关。

自1998年中国上市公司普遍建立了独立董事制度，独立董事薪酬不与公司业绩挂钩。表4-4中，EX_CA * ID 系数为正，表明独立董事比例的提高将提高风险控制在薪酬激励中的作用。表4-4中，EX_CA * FST 显著为正，表明第一大股东持股比例提高，有助于强化高管薪酬与风险控制之间的联系。在现代公司薪酬契约设计方面，董事的薪酬方案通常需要报股东大会审议通过，而高管薪酬方案需报董事会审议通过。但在我国无论是董事还是高管的薪酬方案都由大股东决定，因此，出现表 4 - 4 中的结果。

结合表 4 - 3 和表 4 - 4 的实证结果，可以得到以下结论：上市银行高管薪酬与公司经营业绩之间显著正相关，而与代表高管在控制银行风险方面激励的超额资本充足率之间表现为负相关关系，这表明目前上市银行普遍建立起了与银行经营业绩，尤其是与规模报酬（*ROA*）相关联的薪酬激励制度，但监管当局尚未建立与风险控制相联系的激励约束机制。在监管当局提供激励不足的条件下，银行高管将过多精力放在经营业绩上，而忽视在银行风险控制方面的努力，可能给银行的长期健康发展带来不利影响(股东和监管当局总福利水平降低)。此外，我们还发现，薪酬与考核委员会的建立、独立董事制度的建立和大股东控制能力的加强，将有助于强化激励契约设计中银行高管在风险控制方面的努力。

5 激励相容的银行监管机制设计分析

前面关于银行监管激励相容问题的理论与实证分析及商业银行、监管机构、社会公众在历次经济、金融危机中苦苦挣扎的惨痛经验均明确指出了这样一个无可否认的事实：商业银行内部风险控制与外部监管之间的激励冲突不仅徒增监管机构的监管成本，使其监管努力事倍功半，而且无端造成社会的福利损失乃至金融动荡，进而给世界经济的平稳发展、金融体系的安全稳定带来无法弥补的损失。凡事有果必有因，概而言之，造成银行监管激励冲突的主要原因有两个：一是银行、监管机构、社会公众之间存在着严重的信息不对称，使银行有机可乘，监管机构进退两难，社会公众处境维艰；二是银行与监管机构之间目标的不一致，使两者在银行监管中背道而驰，银行理所当然地追求自身收益最大化，对其内部风险疏于控制，忽视了对社会责任的承担，造成金融风险的不断积累；监管机构虽力图维护金融稳定，但在某种程度上宽容了银行的私利行为，因为按照主观私利行事是理性经济人的天性。因此，能否改善监管中银行与监管机构之间的激励冲突问题，实现银行监管的激励相容，取决于监管当局在自由选择、自愿交换、信息不完全等分散化决策条件下，能否设计出一个行之有效的监管机制，使银行的利益追求与监管当局维护金融稳定的目标相一致，从而在最大化银行个人利益的同时满足监管者的既定目标。这就是所谓的银行监管激励相容机制设计。设计符合中国实际的、合理的银行监管机制，实现银行与监管当局之间的激励相容是本书研究的初衷，也是本书力图解决的现实问题。因此，本书接下来将在前面已有的理论分析与实证研究的基础上，结合中国银行监管的发展实际，分别就银行资本监管、预先承诺制、银行风险补偿制度、存款保险制度的激励相容设计进行分析。

正如俗语所言“知己知彼，百战不殆”，在深入探讨我国商业银行内部风险控制与外部监管的激励相容机制之前，有必要对我国当前的银行监管体制框架进行简单分析。经过长时间的探索与演变，我国形成了富有中国特色的二元化商业银行监管体制，主要由中国人民银行和中国银行业监督管理委员会对商业银行进行监管，其中前者主要负责宏观经济政策的制定和宏观审慎监管的实施，后者主要负责银行金融机构及其市场行为的微观监管，另外，证监会、保监会负责对商业银行相应的跨业经营业务进行监管。在这种体制下，银监会承担了主要的、具体的商业银行监管职责，逐渐形成了“管风险、管法人、管内控、提高透明度”的监管理念，并在这种监管理念的指导下，进行了细致的职责划分，确定了严格的监管比率、指标体系和有效的非现场监管系统，同时不间断地推行案件防控工作。此外，为了避免分业监管格局下出现监管信息交流上的障碍及监管“真空”或重复等问题，我国还建立了央行、银监会、证监会与保监会的部际联席会议制度，加强金融信息共享，提升抵御系统性金融风险的能力（蒋海、李赟宏，2009；沙原，2012）。虽然，在这种银行监管体制下，我国商业银行在近期美国次贷危机引发的全球金融危机中实现了较平稳的过渡，没有出现大规模的倒闭现象，并维持了较为良好的发展态势，但是我国银行发展的脆弱性有目共睹，银行违规事件层出不穷，不良贷款率仍然偏高，资本充足率则依旧偏低。这说明我国的银行监管体制还存在着较大缺陷，如监管激励的缺失、商业银行的过度风险承担及内部风险控制激励的严重不足等，而这已经引起银行监管层的高度重视，并且将加强监管激励约束机制的建设确定为2012年银行业监管的三个重点之一。因此，促使银行业金融机构自觉深化改革，建立适合我国国情的银行监管激励相容机制具有重大现实意义。

5.1 资本监管的优化设计

资本充足率监管是银行审慎监管的核心内容，然而，我国的银行资本监管绩效却是不能令人满意的。因此，设计一种合理的激励相容的资本充足率监管制度成为提高我国银行监管有效性的一个必然选择。

通过对资本监管激励相容模型的分析，我们得到如下结论：无论信息对称与否，要实现银行与监管当局之间的激励相容，必须使监管当局设置的最低资本充足率与银行内部决定的最优资本充足率相同。否则，银行与监管当局在资本监管过程中将产生激励冲突，并且在信息不对称与金融安全网存在的情况下，这种激励冲突将更加尖锐。研究表明，弱化银行与监管当局在资本监管中的激励冲突，实现资本监管的激励相容主要有两个途径：

（1）监管当局制定一个适当的最低资本充足率，使其恰恰与银行自身决定的最优资本充足率相等。然而，这对监管机构来说是比较困难的。一方面，虽然在理论上监管机构可以设计一个最优监管激励水平，从而计算出激励不足的程度，但现实中却很难给出一个准确定量的结果。国内的一些学者的研究也印证了这一点，如钱海刚等（2009）分析了资本充足率对银行绩效的影响，研究结果表明，资本充足率的高低和银行收益并不存在明确的正向或负向关系。另一方面，银行内部决定的最优资本充足率水平是客观存在的，不同银行其资产结构不同，面临的风险也各异，且其资产结构与承担的风险将随时间的迁移而变化，监管机构根本不可能设定一个适用于所有银行的最优资本充足率水平。

（2）监管当局通过科学的机制设计，使银行自愿服从资本监管。我们认为要使银行对资本监管甘之如饴，需要满足两个基本条件：①银行必须对自己的经营结果负责；②监管当局设定的资本充足率水平与银行内部风险管理所要求的指标水平一致。就前一个条件，我们必须对目前的金融安全网作出改进，一方面，政府应取消对银行的补贴，对存款保险或者国家信用支持进行合理定价（Nagarajan 等，1998），而银行可以根据存款保险或信用支持方式的选择支付不同价格，从而有效控制安全网条件下的风险转嫁，使银行的风险转嫁激励转变为风险控制激励；另一方面，考虑通过银行发行次级债券替代存款保险制度等，在对银行风险合理定价的同时加强市场约束。就第二个条件而言，监管当局在设置资本充足率水平时，一方面要考虑整个金融体系的安全，另一方面也应尊重银行风险管理方式及其风险水平选择，因为不少研究（Ang 等，2001；Crawford 等，1995；Hubbard 等，1995；蒋海等，2010）已证实，在监管当局实施资本充足率等方面的监管时，银行高级官员及首席执行官会减少风险控制的激励；而监管当局在放松这方面的监管后，他们会增强风险控制的激励。因而为增强银行的风险控制激励、提升资本监管效率，实行预先承诺制和自报告制度是必要的。它们可以使监管当局比较准确地掌握监管目标与银行风险控制水平的差距，及早解决两者之间的冲突，将风险隐患控制在萌芽状态。在考虑上述情况下两者的差距仍然较大时（即银行能够控制的风险水平大大高于监管目标），可以考虑采取以下措施：①对这些银行进行重点监控，责令主要负责人在一定期限内基本达到监管标准要求，并在该期限内对其主要业务和资金价格实行必要限制，加大违规处罚力度。同时对期限内达标的银行高层管理人员，予以不低于其收入损失的补偿，形成他们服从监管的激励；②对于期限内仍未达标并且经营状况出现恶化的银行，应视其资产规模、质量及负债状况等，或由监管当局接管，或进入破产程序，使问题严重的银行及早退出市场，以保证金融体系稳定。

5.2 商业银行风险管理的补偿制度设计

全球金融危机的爆发，将银行业高层管理人员推到了风口浪尖上，其薪酬激励制度的合理性受到了严重质疑。金融危机的惨痛经验告诉我们，不合理的薪酬制度造成的激励扭曲不可小觑，因为它使银行高管过分关注银行利润和经营业绩，而忽略对银行内部的风险控制，结果给银行的长期健康发展带来了严重的负面影响。可以毫不夸张地说，此次危机的“始作俑者”并不是相关金融机构的高层管理人员，而是那些驱使他们一味盲目追求经营业绩的薪酬激励契约。相反，印度、墨西哥等发展中国家的经验则表明，合理的银行激励契约设计与治理机制会使银行的贷款决策更加谨慎，从而减少银行的不良贷款，改善经营绩效（Clarke et al., 2005）。因此，如何通过合理的激励契约设计改善银行治理，使商业银行追求收益的同时能够自觉有效地控制风险，是当前各国政府在金融体系改革中所需要解决的重要问题。

同样，我国银行业改革也面临着相似的难题。对我国近期银行业薪酬现状的调查表明，即使是在金融危机不断扩大的时期，我国银行高管的薪酬依然一枝独秀，与实体经济的萧条形成了鲜明对比，令人存疑。而通过第四章的实证分析，我们的疑问得到了解答，上述不合常理现象的产生归咎于我国大部分商业银行仅仅建立起与银行业绩相关联的薪酬激励制度，而尚未建立起与风险控制相联系的激励约束机制。改革开放以来，我国进行了三轮银行体系改革：第一轮是1986年开始的以让利放权为基本特征的经营体制改革，第二轮是1994年开始的按产权明晰、权责明确、政企分开、管理科学原则进行的国家专业银行商业化经营改革，第三轮是2004年开始的以国有银行股份制改革与上市为主线的公司治理改革。前两轮和正在进行中的改革初步形成了商业银行的薪酬激励机制，使银行治理机制有了明显改善，绩效得到较大提高，转轨过程中积累起来的风险得到了化解，银行风险控制能力也有所增强，但仍存在激励约束机制不健全等突出问题，造成银行风险控制激励严重不足，直接威胁着我国整个银行体系的安全与稳定。

与一般企业相比，银行在资产负债结构、风险特征、资产交易透明度、受监管程度及其破产对经济社会产生的影响等方面存在明显差异，从而使其治理机制存在明显特殊性（Prowse，1997；李维安等，2005）。因而只有针对银行治理的特殊性展开深入研究，才能更好地揭示银行最优激励契约的特征，进而建立良好的银行治理机制。第四章对我国双重代理多任务模型的实证研究表明，我国上市银行高管薪酬与经营业绩之间显著正相关，与代表银行高管控制风险努力的超额资本充足率之间显著负相关。此外，设立薪酬与考核委员会、完善独立董事制度和加强大股东控制能力有助于强化激励契约设计中银行高管在风险控制方面的努力。因此，根据上述结论与我国实际，应从以下几个方面完善我国的银行薪酬契约设计：

（1）强化监管当局在风险控制方面的激励约束作用。针对银行高管风险控制的努力因可能降低银行业绩而被弱化的问题，实施银行高管的风险控制补偿机制，或由银行与监管当局共同决定银行高管的薪酬水平，以增强银行高管的风险控制激励。

(2) 强化董事会作用。将董事与高管的工作职责分开，加强董事会在高管薪酬方案制定方面的作用，充分发挥独立董事的作用，制订科学合理的银行高管风险控制补偿标准和方案。

(3) 科学考核银行高管业绩，合理确定薪酬水平。确定综合业绩考核目标，建立监管当局人员列席银行薪酬制度与考核委员会会议制度。高管薪酬考核体系应至少包含三方面信息：一是基于历史数据的财务绩效，二是代表银行未来前景的市场业绩，三是代表银行资产质量的风险控制水平。

(4) 重视银行高管的长期激励问题。目前在我国银行高管薪酬结构中，薪酬激励以短期为主，可能导致代理人的短期行为，应适时引入限制性股份奖励、延期股份奖励和股票期权等激励方式，建立与银行长期业绩和风险控制相关的薪酬激励约束机制。

5.3 预先承诺制的设计与实施

国际实践经验表明，预先承诺制度的实施能够提供较现行监管条件更为有利的激励机制。具体而言，在银行监管中实施预先承诺制度，可以降低监管成本、增强信息真实性、提高银行风险管理水平。从第三章预先承诺制激励相容模型的分析不难看出，预先承诺制度的监管效率取决于监管当局使用罚款配置资本的能力。因此，对于监管者来说，设计预先承诺制的激励相容机制的基本原则是对资产风险分布不同的银行实施“区别对待”，而目的在于对不同的银行实行差别监管以提高监管效率。具体到我国，预先承诺制度的主要设计思路则是建立与银行风险控制水平挂钩的差别惩罚机制。纵观预先承诺制度在主要国家的实践，监管机构对银行违背预先承诺而执行的惩罚主要包括货币性和非货币性两种。以下将分别就这两种不同的惩罚方式提出预先承诺制的机制设计。

在非货币性惩罚方面，监管当局在必要时应对银行违背预先承诺的经营行为进行适度的限制，并对其内部风险控制技术提出适当的改进要求。但是，监管机构对违规银行的非货币性惩罚措施不能滥用，更严格地说，监管当局应只有在情非得已的情况下才执行非货币性惩罚措施，且必须做到张弛有度。这主要是基于以下理由：首先，对银行经营行为的限制会对其正常经营造成较大的负面影响，从而可能达不到促使银行自动改进内部风险管理的预期监管目标，这与监管当局实行预先承诺制度的初衷相违背；其次，监管当局与银行之间的信息不对称是常态，监管当局并不能完全掌握银行资产风险分布、内部风险控制等情况的信息，在这种情况下，监管当局较难对银行内部风险控制技术提出恰如其分的改进要求，因而达不到预期效果；再次，以我国监管当局当前的监管技术，很难为对违背预先承诺的银行实施何种程度的干预进行准确的定量，若干预过重则可能使情况进一步恶化，若干预过轻则可能于事无补。因此，非货币性惩罚应当作为一种辅助性惩罚措施对违背预先承诺的银行进行处罚，从而改善其资产风险状况。这对在金融监管中行政干预色彩依然浓重的中国来说显得尤其重要。作为预先承诺制度实现激励相容监管目标的最重要手段的货币性惩罚，其执行主要是通过罚金来实现的。而罚金的实施不可避免地涉及监管当局必须正确处理的三个问题：处罚的对象、处罚的时间、罚金的数额。预先承诺制的最优罚金计划必须符合以下要求（陈珠明、陈建梁，2001）：

（1）正确确定处罚对象。根据对前面两个预先承诺制模型的分析，高风险银行有动机冒充低风险银行以节省资本成本，所以为了防止高风险银行的鱼目混珠，我们需对那些假称是低风险的银行处以罚金；相反对那些自动归队高风险的银行则没有必要处以罚金，因为它们已经自动持有较高的资本。也就是说，并不是所有银行都必须面临罚款，对自动配备高资本金水平的银行不必处以罚金，否则风险控制良好的银行得不到激励，风险管理水平低下的银行也得不到抑制。因此，监管当局必须正确确定处罚对象，这有助于监管当局节省监管成本，集中监管精力对付那些有可能违背预先承诺的自认不喜欢风险的高风险银行，提高监管效率。

（2）正确确定处以罚金的时间。这对于整个预先承诺制度的实施也是至关重要的。罚得过早，可能使银行在情不得已的情况下过早出售交易资产尤其是流动性资产变现，在损失超过预期的情况下进一步扩大了银行的损失，加剧了银行的风险暴露，从而威胁银行安全；罚得过晚，则银行可能已经损失过重甚至濒临破产，罚款无法执行，形同虚设，整个制度完全达不到预期的监管效果。因此，监管者必须尽可能地收集银行的私人信息，正确把握对银行处罚罚金的时机。

（3）正确确定罚金的数额。罚金的多少直接影响到银行履行预先承诺的积极性。罚金过高则无济于事，因为银行无力承担甚至可能被迫铤而走险，进而加深金融风险对银行体系安全的威胁；罚金过低，则不能以儆效尤，反而可能使银行追逐风险的行为愈演愈烈。从第三章第二节 PCA 模型的求解可知，最优罚金数是存在的，但其解却不一定唯一，因此应当在所有可能的罚金数中，取最大值作为罚金。

总之，通过货币性与非货币性惩罚措施的有机结合，正确确定监管机构的执行对象、执行时机与执行金额，使罚金与银行风险水平相关联，才能够让预先承诺制度高效运作，实现银行监管的激励相容。

5.4 激励相容的存款保险制度设计

前面有关存款保险制度的分析指出，虽然我国还没有建立起真正意义上的存款保险制度，但银行在遭遇倒闭危机时，政府不会坐视不管，将对银行注资以保证存款人的利益及防止因挤兑而引起的金融恐慌，这无异于对银行实行了隐性的存款保险制度。此外，前面的分析还指出，我国的银行监管当局在履行监管职责的同时，无形之中也为银行提供了隐性存款保险。隐性存款保险制度使商业银行在不付出任何代价的情况下获得了存款保险的保障，从而使商业银行在经营中更有恃无恐，一味追求自身盈利水平的提高，盲目选择高风险高回报的资产进行配置，内部风险控制反而显得无关痛痒。因此，对我国来说，隐性存款保险制度向显性存款保险制度过渡刻不容缓。

目前，中国人民银行在其发布的《2012 年金融稳定报告》中指出，我国实行存款保险制度的时机已经基本成熟。由此可见，存款保险制度的推出已经箭在弦上。在我国建立存款保险制度的准备阶段，关于如何实施存款保险的讨论层出不穷。而通过前面关于存款保险激励相容模型的理论分析，我们认为，应当借鉴各国存款保险的实践经验，在设计存款保险制度时，注重制度的激励相容设计，关键在于寻找维持银行稳定经营与降低道德风险的平衡点。只有建立与市场激励相容的存款保险制度，才能够最大限度地减少道德风险，增强银行体系的稳定性。接下来，我们将结合前面部分的相关分析，就被保险人所缴纳的保费与存款保险的赔付机制对我国存款保险制度的机制设计进行分析和探讨。

5.4.1 与银行风险相联系的保险费用水平

前面关于存款保险制度激励相容模型的分析表明，当存款保险机构对不同风险的银行一视同仁，均收取相同的保费时，银行的逆向选择问题就很容易产生，这时银行趋向于选择高风险、高收益的资产以提高其盈利能力。这样，存款保险制度实质上沦为了那些经营不善、乐于冒险的银行的“保护伞”，而那些稳健经营的银行则吃力不讨好，陷入了为人做嫁衣的处境，其所缴纳的保险费用实际上成为了高风险银行的补贴，最终稳健经营的银行会放弃存款保险，形成存款保险的“柠檬市场”。显而易见，存款保险机构这种对所有银行同等对待、收取相同保险费用的“一刀切”做法是十分不可取的。然而，虽然理论上存款保险机构能够通过与银行风险相关的种种信息来衡量各银行的风险水平，但由于信息的不对称性及存款保险机构的监管技术还有待完善，其在对银行风险的准确测度上存在着较大困难，并且其对银行的风险定价可能适得其反，反而会增加银行的冒险行为。由此可见，存款保险机构收取与银行风险水平相关联的保险费用在实际操作上可能困难重重。因此，我们提议将预先承诺制与存款保险制度结合起来考虑，将银行预先承诺的损失限额作为评估银行风险的主要依据之一，一旦银行违背了自己的预先承诺，那么其在下一期间内的保险费用将会增加，换言之，提高存款的保险费用也成为对违背预先承诺的银行的惩罚之一。

5.4.2 部分赔付机制

顾名思义，部分赔付机制是指当被保险银行面临破产时，存款保险机构对被保险银行存款数额低于某一水平的存款人和债权人进行全部赔付，而对于超出这一范围的存款人和债权人则实行部分赔付。一方面，存款保险机构多由国家设置，由国家财政支持赔付。我国人口众多，经济实力在不断增强，居民人均收入在不断提高，然而占据居民资产配置的绝大部分的仍旧是储蓄，若我国即将建立的存款保险制度实行全部赔付机制，那么当银行濒临破产时，财政将产生巨大的支出，尤其是某一银行的危机往往带来“羊群效应”。在这种情况下政府将疲于应付，到时庞大的财政赤字必将对我国经济的健康平稳发展产生巨大的负面影响，即使挽救了处于危机中的银行系统，保护了社会公众的利益，但最终还是得不偿失。因此，在我国，存款保险制度实行全部赔付是不切实际的，而部分赔付机制则有其存在的合理性。实行部分赔付机制的现实意义在于它一方面减少了国家对存款人和债权人的补贴，减轻了国家的财政负担，满足了国家财政支出要求的同时，又保护了绝大多数存款者的利益。另一方面，对于大额的存款人和债权人而言，部分赔付机制的实行能够激励他们对银行的稳健经营进行有效的监督，提高获取银行信息的效率。正如前面所言，社会公众对银行的经营实施监管是有成本的，他们对银行安全的监管存在严重的“搭便车”现象，甚至可以说大多数社会公众对银行的经营行为都是听之任之的，但这不包括大额的存款人和债权人。一方面他们对银行的某些经营行为具有较大的话语权，能在某种程度上纠正银行的行为偏差；另一方面银行的经营行为往往与他们的切身利益相关，银行的不当经营行为将对他们产生比普通存款者与债权人更严重的后果，因而轻视不得。但假若实施全额赔付制度，则很容易引起他们的逆向选择。因为对于大额存款人和债权人而言，不论是选择高风险高回报的资产组合还是选择稳健的资产组合，其所面临的风险都是零，他们的资金安全在银行发生危机时能够得到保障，切身利益已经与银行的经营行为分离，从而没有对银行的安全经营进行监督的动机。相反，他们会转而鼓励银行进行更高风险的投资。由此看来，全部赔付机制不能形成大额存款人和债权人对银行的监督激励，而部分赔付机制则不然。所以，部分赔付机制是我国实施激励相容的存款保险制度的必然选择。

6 结论与建议

6.1 主要结论

本书通过对商业银行内部风险控制与外部监管的几种激励相容机制的理论分析和中国经验数据的实证研究，得到以下主要结论：

（1）信息不对称条件下不可避免地出现商业银行内部风险管理和外部监管的激励冲突，而监管中的激励冲突会造成监管当局提供有效激励不足及商业银行服从监管的激励缺失，并且激励冲突越激烈，代理人在监管方面的激励水平就越低，愿意按委托人意愿控制风险的努力也就越少。只有通过科学合理的激励机制设计，形成监管过程的激励相容，才能有效克服银行体系在风险控制中的激励冲突，才能有效遏制商业银行的道德风险问题，降低监管成本，提高监管效率，切实维护金融业的稳定和健康发展。

（2）通过银行资本监管、风险管理补偿制度、预先承诺制、存款保险制度四种机制及其他制度安排的合理设计，可以实现商业银行内部风险控制与外部监管的激励相容。在银行资本监管的设计上，当监管当局设置的最低资本充足率与金融机构内部决定的最优资本充足率一致时，才能形成两者的激励相容；如果不一致，应对商业银行内部风险管理实施必要的支付补偿，否则将产生两者的激励冲突。在预先承诺制的设计上，监管当局只要根据银行业的运行状况和风险水平，制定合理的惩罚机制，便可达到银行风险控制目标与监管当局目标的一致，从而实现激励相容。在存款保险制度的设计上，中国实施显性存款制度的条件已成熟，在尽快建立和实施符合中国银行业发展实际的存款保险制度时，需要考虑其激励相容的机制设计，一方面根据银行风险水平设立合理的存款保险费率，另一方面要实施部分赔付机制，使银行风险控制目标与存款保险机构要求保持一致。

（3）实证研究表明，中国上市银行尚未建立起与风险控制相联系的激励约束机制，其内部风险控制与外部监管存在着激励冲突。商业银行将过多的精力放在了经营业绩上，而忽视了风险控制方面的努力，这将给银行的长期健康发展带来不利影响。

（4）良好的银行治理机制、完善的银行业信息披露制度及监管的透明度建设等，是形成商业银行内部风险管理与外部监管激励相容的重要条件。

6.2 政策建议

中国入世以来，在金融市场化、国际化与金融稳定的矛盾愈加尖锐的现实下，银行监管激励冲突所造成的金融监管高成本和社会福利损失是有目共睹的，特别是由监管激励冲突引起的金融安全隐患更是引起了决策当局的警觉和重视。因此，对我国当前银行监管中的激励冲突进行调整就显得至关重要。显然，经过本书前面的分析，我们对银行监管激励冲突的调整目标已经明确，那就是要形成社会公众与监管当局、监管当局与银行金融机构之间的激励相容，降低监管成本，提高监管效率，以此保持金融体系的稳定，增进社会福利。基于这一目标和中国的监管实践，我们认为要消除银行监管中的激励冲突，建立激励相容的银行监管机制，应当从外部和内部两方面同时入手。其中，从外部入手是指完善信息披露机制、实施预先承诺制度、改革金融监管机制、建立并完善存款保险制度等，而从内部入手则主要是指完善商业银行公司治理结构、实施银行高管风险管控补偿制度，使其自觉加强银行内部风险控制。下面将就上述所提内容和如何建立符合我国银行业发展需要的银行监管激励相容机制提出具体的政策建议。

6.2.1 完善银行信息披露制度，推进金融监管的透明度建设

如前所述，产生银行监管激励冲突的主要原因之一，就是银行、监管当局与社会公众之间存在着信息不对称。因此，解决监管激励冲突的关键是要通过监管当局及金融机构客观公正地向社会充分披露能够反映金融风险水平及其控制风险成本和绩效的数据资料，避免报喜不报忧的信息公开方式，使信息不对称程度和激励冲突降到最低（蒋海，2004）。具体来说，应从以下几方面完善我国银行信息披露制度：

（1）在合理界定监管当局信息公开与国家金融安全、银行商业机密与公开信息的关系的基础上，完善商业银行的《信息披露法》，加大对银行会计信息违法性失真的处罚力度，避免虚假信息泛滥所造成的金融秩序混乱，确保商业银行数据的准确性和真实性。

（2）建立网络化的金融监管信息系统，对商业银行业务管理、高级管理人员管理、风险监控及市场退出等监管信息进行集中管理，实现信息资源的共享和对商业银行的实时监控。

（3）培育市场化的专业评级机构，使其具有足够的权威性和

社会公信力，让其对商业银行进行客观、公正的评级，以此减少商业银行与社会公众、监管当局之间的信息不对称（谢平等，2001），提高市场监督效率。同时，充分发挥会计事务所等中介机构的监督作用，实现市场信息与监管信息的系统结合，缩短认识和行动之间的时滞，帮助监管当局提高效率。

而对于推进金融监管的透明度建设、加强对监管机构的监督，措施至少包括以下几方面的内容：

（1）必须明确界定监管当局所承担的责任，建立能够客观反映监管绩效的评价体系，使监管当局的收入与监管绩效挂钩，改变目前监管当局固定收入的财政拨款模式，监管当局内部也应按人员努力的程度确定其收入水平，取消固定薪酬制，形成监管当局及其内部成员的激励机制。

（2）委托相关部门或成立专门的机构，负责对监管当局进行监督和业绩考核，形成对监管当局及其人员的有效约束。

（3）完善金融监管方面的法律，一方面保证监管当局的独立性，避免金融监管因政治因素和利益集团施加压力造成监管激励扭曲；另一方面以立法形式明确并完善监管当局的权利、义务和责任，规范监管行为，使金融监管真正建立在法制的基础上。

6.2.2 对银行机构管理者实施管理补偿制度

要使银行自觉服从监管，提高监管效率，必须对银行的高级管理人员因服从监管而遭受的损失进行补偿，即对银行管理者实施风险管理补偿制度，消除管理者逃避监管的激励或提高逃避监管的机会成本。一方面从短期来看，银行监管会造成银行资产收益率下降，使管理者的收益减少，从而形成管理者逃避监管的激励。如果逃避监管受到的惩罚成本低于这一激励，理性的监管者将会选择逃避监管。另一方面，银行与监管当局之间的信息不对称性进一步降低了银行高管逃避监管所承担的惩罚成本。因此，应对银行高管实施风险管理补偿制度，并且补偿的数额应不少于管理者逃避监管所获得的收益，以向其提供足够的服从监管激励，使其主动增强银行内部风险控制，进而维护金融体系的稳定（金雪军、李红坤，2005）。

6.2.3 实行显性存款保险制度

隐性存款保险制度在我国存在已久，可惜的是，其并不是一个激励相容的监管制度。前面已经指出，我国建立真正意义上的存款保险制度的基本条件已经成熟，但关键是如何实现监管的激励相容。结合前面的机制设计，我们给出如下建议：

（1）根据银行所承担的风险水平设定其存款保险的保费。根据BS期权定价法，使存款保险机构对不同被保险人实施差别费率，促使银行调整自己的风险行为，使其在收益和风险之间寻求最优平衡。

（2）取消对破产机构的无条件救助制度，仅对存款提供部分保险，允许清偿力不足的银行破产，减少政府保证的边界，激励存款人和其他债权人对银行经营状况、风险管理进行监督。

（3）将预先承诺制和存款保险制相结合，即将承诺的损失限额作为评估银行风险的有效依据。当银行违背自己的预先承诺，其在下一期的保险费用应该增加，以此作为惩罚。

6.2.4 实施金融机构的预先承诺制

国际经验表明，预先承诺制在增强监管当局的信息甄别能力，降低监管者与被监管者之间的信息不对称方面起到了重要作用。因此，我国银行监管也应该积极借鉴国际经验，实施预先承诺制。预先承诺制在我国能否有效实施，关键是要科学合理地解决如下问题：

（1）制定科学的惩罚机制。预先承诺制的惩罚手段主要包括货币惩罚和非货币惩罚，并且通常以货币惩罚为主，非货币惩罚为辅，两者结合运用。要制定科学的惩罚机制，不可避免地要合理回答惩罚标准、惩罚时间、惩罚弹性方面的问题。我们认为在惩罚标准方面，不应以银行的超额损失为依据，而应以个别银行相对于整个行业的风险损失比和其在一定时期内的最大风险值与剔除该最大值后的剩余平均值的比为依据进行考核。在惩罚时间方面，采用延期惩罚方案，即在损失发生当期银行不用接受惩罚，而在该银行以后的经营期间内再对其进行惩罚。在惩罚的弹性方面，对问题银行采取货币惩罚，按照最大—剩余比例分档递增，同时监管机构还要根据银行对风险和损失的态度以及恢复性经营的结果对惩罚规模进行调整（李成等，2004）。

（2）将市场约束与行政监管相结合。银行在没有发生损失时，主要依靠市场约束；当发生超额损失，资本金水平无法抵补风险时，主要依靠监管当局的介入实施行政监管。在行政监管方面，预先承诺制更加提倡“放手”监管（hands - off regulation），将模型选择问题留给市场，尽量减少对银行业务的干预。预先承诺制是一种“软约束”，注重投资组合的整体风险，它并不会影响投资组合的内部结构，只是通过加强市场纪律，协调市场力量来适应日益繁杂的金融交易。预先承诺制又是一种“硬约束”，如果一旦发生了超额损失，监管部门就会行使行政职权，运用惩罚机制来干涉银行的日常经营活动。因而，预先承诺制的监管方法全面体现了激励相容的思想。

（3）实行离任审计制，降低领导人员的任期效应风险。预先承诺制要求监管者和银行管理层之间保持长期、连续性的监管与被监管的关系。通过对银行机构管理者实行终身责任制，降低管理层获取短期利益而损害银行长期利益的可能性，防止其任职期间获取短期利益而让继任者承担由此而导致的损失（李成等，2004）。

6.2.5 完善公司治理结构，加强商业银行的内部控制与监督

建立良好的公司治理结构，加强金融机构自身的内部管理和风险控制，是有效防范金融风险的前提，也是形成激励相容的金融监管机制的基础。目前，我国国有金融机构特别是商业银行的所有者与经营者定位不清，治理与管理一身二任，监事会制度也未能发挥应有的作用，缺乏对管理者的有效监督与约束；股份制商业银行同样缺乏良好的公司治理机制，董事会因代理问题不可能形成保护股东权益的激励，因为这将引起严重的内部人控制问题（刘晓勇，2001），使金融监管的有效性大大降低。因此，要形成商业银行有效控制风险的激励和金融监管的硬性约束机制，还必须完善商业银行的公司治理结构和内部控制制度。

（1）以产权变革为先导，进一步深化体制改革，重构商业银行特别是国有商业银行的产权结构和制度（蒋海等，2004），一方面可以落实股权多元化结构，建立起明晰的产权结构；另一方面，按照“三会分设、三权分开、有效制约、协调发展”的原则，完善股东大会、董事会、监事会、高级管理层相互制衡的约束机制，完善国有商业银行的法人治理结构（李兴春，2007）。

（2）建立规范的董事会制度，建立健康的决策机制。董事会在银行的治理结构中处于核心地位（谭安萍，2007），赋予董事会独立行使对经营者的人事任免权，彻底摆脱经营者由政府人事部门任免的现状，使他们能够选拔出懂经营会理财的经营者，从

机制上保证专业人才的合理配置。同时，完善独立董事制度，建立集体决策、个人负责及确保责任可以追究（谭安萍，2007）的内控机制和监督制衡机制。

（3）建立、健全以商业银行内部控制为基础的内部自律机制，维护银行资产的安全性和流动性，防范经营风险。建立完善的内部风险预警控制机制，以风险为核心对商业银行管理质量进行评估，提高银行的公司治理水准。通过完善银行内部的各项规章制度和组织制度，建立责权对等、分工明确、内容完善的岗位责任制。同时加大银行内部的审计与稽核处罚力度，维护制度的严肃性和权威性，实现稽核职能由“查”到“防”的转变（蒋海等，2004）。

（4）在充分发挥独立董事以及审计委员会监督职能的基础上，加强监事会的职能（李兴春，2007），具体做到以下几点：保障监事会的独立性，赋予监事会一定的人员罢免权，建立监事会的选拔考核制度和责任追究制度，建立监事会与监管机构的独立汇报路线等（李兴春，2007）。

（5）科学、规范的监管制度和现代化的操作手段是提高监管质量和效率的根本保证。监管当局要重视对商业银行理和内控制度的监管，建立和完善连续性监管，及时发现商业银行管理中存在的问题，以便对症下药（蒋海等，2004）。

6.2.6 加强我国商业银行资本充足性监管

充足的资本金水平是维护国际金融体系安全与稳健的关键和基础，我们应高度重视银行的资本充足性监管机制的设计。为此，以下给出了一些完善我国商业银行资本监管的建议。

1. 设定科学合理的最低资本充足率监管水平

应依据宏观金融运行状况和商业银行的风险水平，确定科学合理的资本充足率监管水平，建立与风险相联系的资本监管机制。一方面需要监管当局建立科学的金融风险预警机制，能对宏观金融风险作出准确的预测；另一方面应尊重银行内部风险管理方式和风险水平的选择，并依据不同商业银行的风险水平确定不同的资本充足率水平，风险水平较高的银行应确定较高的资本充足率监管要求，而风险较低的银行可选择较低的资本充足率监管要求，真正建立起风险水平与资本监管相联系的监管机制。同时，在资本充足率监管水平的确定上，尽可能保证监管当局设定的水平与商业银行内部的最优水平选择相一致，实现资本监管的激励相容。

2. 资本充足率监管与其他机制相配合

即使充分尊重了商业银行内部风险控制的选择，同时也设置了合理的资本充足率水平，仍然有可能出现监管当局设定的水平与商业银行内部的最优水平选择不一致，产生资本监管的激励冲突。此时，必须选择其他监管机制与资本充足率监管相配合，弥补资本充足率监管的不足，实现监管当局与商业银行在风险控制上的目标一致。具体措施包括：①实施银行高管的风险管控补偿制度，实现资本充足率监管与风险管控补偿机制的有效配合。产生资本监管激励冲突时，如果银行服从监管会导致其收益减少，因而银行存在不服从监管的激励。为了使银行服从资本充足率监管要求，就必须对银行高管实施补偿，具体的补偿标准应根据银行高管服从监管给其带来的收入减少数额来定，一般而言，补偿的数额应不低于收入减少的数额。②实施预先承诺制度，使资本充足率监管与预先承诺制有机结合。通过实施预先承诺制，制定科学合理的惩罚机制，对不服从资本充足率监管要求的银行进行惩罚，使银行不服从监管受到的惩罚大于不服从监管可能带来的收益，强化银行服从监管的约束。③建立银行杠杆率的监管，并使之成为资本充足率监管的重要补充工具。通过银行杠杆率和资本充足率的相互补充与配合，减少银行的资本套利（王兆星，2010），增强银行不服从监管的制约，形成银行服从资本充足率监管的激励，从而实现资本监管的激励相容。

3. 加强资本充足率的前瞻性动态监管

要强化商业银行服从资本充足率监管的激励，还必须改变目前被动式的、滞后资本监管模式，提高监管当局的科学预测能力和决策水平，形成前瞻性的动态资本充足率监管模式。近期的全球金融危机和最新研究表明，绝大部分国家的银行资本充足率监管并未能够有效遏制金融危机的爆发和蔓延，反而起到了推波助澜的作用。其中一个重要原因是，这些国家的银行资本充足率监管存在着顺周期效应，即资本监管不是前瞻性的，而是被动式的滞后监管。因此，要形成银行资本充足率监管的激励相容，还应该从以下两个方面完善资本充足率监管：①完善监管当局的风险预警机制，提高其风险预测的准确性和及时反应能力，最好能够使其的风险预测与商业银行的预测水平相一致；②建立和完善前瞻性的动态银行资本充足率监管体系，在最低资本充足率等标准的设定上，应该富有弹性，即根据经济周期的波动而适时作出前瞻性调整，形成资本监管的逆周期性，避免引发资本监管顺周期性带来的负面影响（蒋海等，2012）。

在结合全文所有研究的基础上，以上对如何减少银行监管中的激励冲突，建立适合我国实际的激励相容监管机制给出了一些政策建议。到此，本书的研究暂时告一段落。我们衷心地希望该研究能够在建立我国激励相容的银行监管机制的实践中发挥作用。

参考文献

英文文献

[1] Acharya, S., Dreyfus, J. F. Optimal Bank Reorganization Policies and the Pricing of Federal Deposit Insurance. *Journal of Finance*, 1989, 44 (5): 1313 - 1333.

[2] Acharya, V. A Theory of System Risk and Design of Prudential Bank Regulation. *Journal of Financial Stability*, 2009, 5: 224 - 255.

[3] Aghion, P. Bolton, P., Dewatripont, M. Contagious Bank Failures in a Free Banking System. *European Economic Review*, 2000, 44 (4 - 6): 713 - 718.

[4] Agoraki, M. K., Delis, M. D., Pasiouras, F. Regulations, Competition and Bank Risk Taking in Transition Countries. *Journal of Finanical Srability*, 2011, 7 (1): 38 - 48.

[5] Andres, P., Vallelado, E. Corporate Governance in Banking: The Role of the Board of Directors. *Journal of Banking and Finance*, 2008, 32: 2570 - 2580.

[6] Ang, James, S., Beni Lauterbach, Ben, Z. S. Internal Monitoring, Regulation, and Compensation of Top Executives in Banks. *International Review of Economics and Finance*, 2001, 10: 325 - 335.

[7] Arupratan, D., Simone, V. Value at Risk and Precommitment: Approaches to Market Risk Regulation. *Economic Policy Review*, 1998, 10: 137 -143.

[8] Ashcraft, A. B. Are Bank Holding Companies a Source of Strength to Their Banking Subsidiaries? *Journal of Money, Credit and Banking*, 2008, 40: 373 -294.

[9] Barth, J. R., Caprio, G., Levine, R. *Rethinking Bank Regulation.* London: Cambridge University Press, 2005.

[10] Barth, J. R., Bertus, M., Hartarska, V., Jiang, H., Phumiwasana, T. A Cross Country Analysis of Bank Performance: The Role of External Governance. *Corporate Governance in Banking: A Global Perspective.* Northampton: Edward Elgar Publishing, 2007.

[11] Baumann, U., Nier, E. Market Discipline and Financial Stability. *Bank of Englnd Financial Stability Review*, 2003, June.

[12] Bensaid, B., Pagès, H., Rochet, J. C. Efficient Regulation of Banks' Solvency. *Mimeo Bank of France*, 1995.

[13] Benston, G. L., Kaufman, G. G. The Appropriate Role of Bank Regulation. *Economic Journal*, 1996, 106 (436): 688 -697.

[14] Ben Thirkell-White. The International Monetary Fund and Civil Society. *New Political Economy*, 2004, 9: 251 -270.

[15] Berger, A. N. Distribution - free Estimates of Efficiency in the US Banking Industry and Tests of the Standard Distributional Assumptions. *Journal of Productivity Analysis*, 1993, 4: 261 -292.

[16] Berger, A., Davies, S., Flannery, M. Comparing Market and Regulatory Assessments of Bank Performance: Who Knows What When? *Federal Reserve Board Working Paper*, 1998, March.

[17] Berger, A., Davies, S. The Information Content of Bank

Examinations. *Journal of Financial Services Research*, 1998, 14 (2): 117 - 144.

[18] Bernanke, Ben, Mark, G., Simon, Gilchrist. A Financial Accelerator in a Quantitative Business Cycle Framework. *NBER Working Paper*, 1998.

[19] Bernstein, Marvin, H. *Regulating Business by Independent Commission*. Princeton: Princeton University Press, 1955.

[20] Besanko, D., Kanatas, G. The regulation of Bank Capital: Do Capital Standards Promote Bank Safety? *Journal of Financial Intermediation*, 1996, 5: 160 - 183.

[21] Bhattacharya, S., Gale, D. Preference Shocks, Liquidity, and Central Bank Policy. in W. A. Barnnett and Kenneth J. Singleton, eds. *New Approaches to Monetary Economics*. Cambridge: Cambridge University Press, 1987, 69 - 88.

[22] Bhattacharya, S., Thakor, A. V. Contemporary Banking Theory. *Journal of Financial Intermediation*, 1993, 3: 2 - 50.

[23] Bhattacharya, S., Boot, A. W. A., Thakor, A. V. The Economics of Bank Regulation. *Journal of Money, Credit and Banking*, 1998, 30 (4): 745 - 770.

[24] Bliss, R. Market Discipline and Subordinated Debt: A Review of Salient Issues. *Economic Perspectives*, 2001: 24 - 45.

[25] Bliss, P., Flannery, M. Two Views of Macroeconomics. *Oxford Economic Papers*, 2000, 35 (1): 1 - 12.

[26] Blum, J. Do Capital Adequacy Requirements Reduce Risks in Banking? *Journal of Banking adn Finance*, 1999, 23: 755 - 771.

[27] Bolt, W., Tieman, A. F. Banking Competition, Risk and Regulation Joural of Banking. *The Scandinavian Journal of Eco-*

nomics, 2004, 106: 783 – 804.

[28] Boot, W. A. Thakor, A., V. Self – Interested Bank Regulation. *The American Economic Review*, 1993, 83 (2): 206 – 212.

[29] Bryant, J., Wallace, N. Open-Market Operations in a Model of Regulated, Insured Intermediaries, Staff Report 50. *Federal Reserve Bank of Minneapolis*, 1980.

[30] Buch, C., Delong, G. Do Weak Supervisory Systems Encourage Bank Risk – taking. *Journal of Financial Stability*, 2008, 4: 23 – 39.

[31] Calomiris, Charles, W. Building an Incentive – Compatible Safety Net. *Journal of Banking &Finance*, 1999, 23: 1499 – 1519.

[32] Calomiris, C., Litan, R. Financial Regulation in a Global Marketplace, in: R. Litan and A. Santomero (eds.), *Brookings – Wharton Papers on Financial Services*, Washington: Brookings Institution Press, 2000: 283 – 340.

[33] Campbell, T. S. Yuk – Shee Chan, Anthony, M. Marino. An Incentive-Based Theory of Bank Regulation. *Journal of Financial Intermediation*, 1992, 2: 255 – 276.

[34] Caprio, G., Klingebiel, D. Does Financial Reform Raise or Reduce Saving? *The Review of Economics and Statistics*, 1996, 82 (2): 239 – 263.

[35] Chan, Y. S., Greenbaum, S. I., Thakor, A. V. Is Fairly Priced Deposit Insurance Possible? *Journal of Finance*, 1992, 47: 227 – 245.

[36] Clarke, G., Cull, R., Shirley, M. Bank Privatization in Developing Countries: A Summary of Lessons and Findings. *Journal of Banking and Finance*, 2005, 29: 1905 – 1930.

[37] Considine, J. P. Exercise - Pre - Commitment: Approach to Market Risk. *Economic Policy Review*, 1998, 4 (3), 131 -135.

[38] Cook, D., Hogan, A., Kieschnick, R. A Study of Corporate Governance of Thrifts. *Journal of Banking and Finance*, 2004, 28: 1247 -1271.

[39] Cooper, E. Monitoring and Governance of Private Banks. *The Quarterly Review of Economics and Finance*, 2009, 49: 253 -264.

[40] Cooper, R., Ross, T. W. Bank Runs: Deposit Insurance and Capital Requirements. *International Economic Review*, 2002, 43: 55 -72.

[41] Crawford, A. J., Ezzell, J. R., Miles, J. A. Bank CEO Pay Performance Relations and The Effects of Deregulation. *Journal of Business*, 1995, 68: 231 -256.

[42] Cunat, V., Guadalupe, M. Executive Compensation and Competition in the Banking and Financial Sector. *Journal of Banking and Finance*, 2009, 33: 495 -504.

[43] D'Avolio, Gene M., Gildor, E., Shleifer, A. Technology, Information Production, and Market Efficiency. *Harvard Institute of Economic Research Paper*, 2001, NO. 1929.

[44] Danielsson, J., Jorgensen, B. N., Casper, G. de - Vries, Incentive for Effective Risk Management. *Journal of Banking and Finance*, 2002, 26: 1407 -1425.

[45] Decamps, J. P., Rochet, J. C., Roger, B. The Three Pillars of Basel Ⅱ: Optimizing the Mix. *Journal of Financial Intermediation*, 2004, 13 (2): 132 -155.

[46] Demirguc - Kunt, A., Detragiache, E. The Determinants of Banking Crises in Developing and Developed Countries. *IMF Staff*

Papers, 1998, 45 (1): 81 -109.

[47] Demirguc-Kunt, A., Huizinga. Determinants of Commercial Bank Interest Margins and Profitability: Some International Evidence. *World Bank Economic Review*, 1999, 13 (2): 379 -408.

[48] Demirguc - Kunt, A., Detragiache, E. Does Deposit Insurance Increase Banking System Stability? An Empirical Investigation. *Journal of Monetary Economics*, 2002, 49: 1373 -1406.

[49] Demsetz, R. S. Banks With Something to Lose: The Disciplinary Role of Franchise Value. *Economic Policy Review*, 1996, 2 (10): 1 -14.

[50] Dewatripont, M., Tirole, J. *The Prudential Regulation of Banks*. Cambridge: The MIT Press, 1993.

[51] Dewatripont, M., Tirole, J. Efficient Governance Structure: Implications for Banking Regulation. *Capital Markets and Financial Intermediation*. C. Mayer, X. Vivesed. Cambridge: Cambridge University Press, 1993: 12 -35.

[52] Diamond, D. W., Dybvig, P. H. Bank Runs, Deposit Insurance, and Liquidity. *Journal of Political Economy*, 1983, 91 (3): 401 -419.

[53] Diamond, D. W., Dybvig, P. H. Banking Theory, Deposit Insurance, and Bank Regulation. *Journal of Business*, 1986, 59: 55 -68.

[54] Diamond, D. W. Financial Intermediation and Delegated Monitoring. *Review of Financial Studies*, 1984, 51: 393 -414.

[55] Diamond, D. W., Rajan, R. G. Liquidity Risk, Liquidity Creation and Financial Fragility: A Theory of Banking. *Journal of Political Economy*, 2001, 109: 287 -327.

[56] Djankov, S., Glaeser, E. L., López-de-Silanes, Florencio, Shleifer, A. The New Comparative Economics. *Journal of Comparaive Economics*, 2003, 31 (4): 595 - 619.

[57] Edward, S., Prescott, E. S. The Pre-commitment Approach in a Model of Regulatory Banking Capital. *Federal Reserve Bank of Richmond Economic Quarterly*, 1997, Vol. 83.

[58] Evanoff, D. D., Wall, L. D. Subordinated Debt and Bank Capital Reform. *Working Paper* No. 2000—07, Federal Reserve Bank of Chicago, 2000.

[59] Fama, E. Banking in the Theory of Finance. *Journal of Monetary Economics*, 1980, 6 (1): 39 - 57.

[60] Fernandez, A., Gonzalez, F. How Accounting and Auditing Systems Can Counteract Risk - shifting of Safety - nets in Banking: Some International Evidence. *Journal of Financial Stability*, 2005, 1: 466 - 500.

[61] Flannery, M. J. Financial Crises, Payment Systems Problems, and Discount Window Lending. *Journal of Money, Credit and Banking*, 1996, 28 (4): 804 - 824.

[62] Flannery, M. J., Sorescu, S. M. Evidence of Bank Market Discipline in Subordinated Debenture Yields 1983—1991. *Journal of Finance*, 1996: 1347 - 1377.

[63] Folkerts - Landau, D. F. I., Lindgren, C. J., Fund, I. M. Toward a Framework for Financial Stability. *International Monetary Fund*, 1998.

[64] Freixas, X., Gabillon, E. *Optimal Regulation of a Fully Insured Deposit Banking System.* Barcelona: Universitat Pompeu Fabra, 1998.

[65] Freixas, X., Rochet, J. C. Fair Priceing of Deposit Insurance. Is it Possible? Yes. Is it Desirable? No. *Research in Economics*, 1998, 52: 217-232.

[66] Freixas, X., Soussa, F., Hoggarth, G. Lender of Last Resort: An Academic Literature Review, Bank of England, 1999.

[67] Freixas, X., Santomero, A. M. An Overall Perspective on Banking Regulation. *IMF working papers*, 2002.

[68] Freixas, X., Gyöngyi, L., Morrison, A. D. Regulating Financial Conglomerates. *Journal of Financial Intermediation*, 2007, 16: 479-514.

[69] Friedman, M., Schwartz, A. J. *A Monetary History of the United States, 1867-1960*, N. J., Princeton University Press, 1963.

[70] Fries, S., Mella - Barral P., Perraudin, W. Optimal Bank Reorganisation and the Fair Pricing of Deposit Guarantees. *Journal of Banking and Finance*, 1997, 21: 441-468.

[71] Garcia, G. Deposit Inssurance: A Survey of Actual and Best Practices. *IMF Working Paper*, 1999, No. 99/54.

[72] Gennotte, G., Pyle, D. Capital Controls and Bank Risk. *Journal of Banking and Finance*, 1991, 15 (4-5): 805-824.

[73] Giammarino, R. M., Lewis, T. R., Sappington, D. E. M. An Incentive Approach to Banking Regulation. *Journal of Finance*, 1993, 48 (4): 1523-1542.

[74] Goodfriend, M., King, R., Financial Deregulation, Monetary Policy and Central Banking. W. S. Haraf, R. M. Kushmeider (eds). *Restructuring Banking and Financial Services in America*. Washington: American Enterprise Institute for Public Policy Research, 1988.

[75] Goodhart, C. *The Central Bank and the Financial System.*

Cambridge, Massachusetts: The MIT Press, 1995.

[76] Goodhart, C., Hartmann, P. Llewellyn, D. Liliana Rojas - Suarez, Weisbrod, S. *Financial Regulation: Why, How and Where Now?* London: Routledge, 1998.

[77] Goodhart, C. Democracy, Globalization and the Problem of the State. *Policy*, 2001 (4): 527 -546.

[78] Gorton, G., Winton, A. Bank Capital Regulation in General Equilibrium. *NBER, Working Paper*, 1995, NO. 5244.

[79] Grossman, R. Deposit Insurance, Regulation, and Moral Hazard in the Thrift Industry: Evidence from the 1930s. *American Economic Review*, 1992, 82: 800 -821.

[80] Guttentag, J. M., Herring, R. J. The Insolvency of Financial Institutions: Assessment and Regulatory Disposition. *Crises in the Economic and Financial Structure*. edited by Wachtel, P. Lexington: D. C. Heath, 1982: 99 -126.

[81] Hellwig, M. Banks, Markets, and the Allocation of Risks in an Economy. *Journal of Institutional and Theoretical Economics*, 1998, 154: 328 -345.

[82] Hendrik, H., Schnabel, I. Bank Competition and Capital Regulation. *EFA 2007 Ljubljana Meetings Paper*, 2007, February 26.

[83] Hoenig. The International Community's Response to the Asian Financial Crisis. *Federal Reserve Bank of Kansas City*, 1998: 4 -7.

[84] Holmstrom, B., Milgrom, P. Multitask Principal Agent Analyses: Incentive Contracts, Asset Ownership, and Job Design. *Journal of Law, Economics & Organization*, 1991, 7: 24 -52.

[85] Honohan P, Klingebiel D. The Fiscal Cost Implications of an Accommodating Approach to Banking Crises. *Journal of Banking*

and Finance, 2003, 27 (8): 1539 – 1560.

[86] Hovakimian, A., Kane, E. J. Effectiveness of Capital Regulation at U. S. Commercial Banks, 1985 to 1994. *Journal of Finance*, 2000, 55: 451 – 468.

[87] John, K., John, T. A., Senbet, L. W. Risk – Shifting Incentives of Depository Institutions: A New Perspective on Federal Deposit Insurance Reform. *Journal of Banking and Finance*, 1991, 15: 895 – 915.

[88] John, K., Qian, Y. Incentive Feature in CEO Compensation in the Banking Industry. *Economic Policy Review*, 2003, 9: 109 – 121.

[89] John, K., Mehran, H., Qian, Y. Outside Monitoring and CEO Compensation in the Banking Industry. *Journal of Corporate Finance*, 2010, 16: 383 – 399.

[90] John, K., Saunders, A., Lemma, W. S. A Theory of Bank Regulation and Management Compensation. *Review of Financial Studies*, 2000, 13: 95 – 125.

[91] Jones, D. Emerging Problems with the Basel Accord: Regulatory Capital Arbitrage and Related Issues. *Journal of Banking and Finance*, 2000, 14: 35 – 58.

[92] Kahane, Y. Capital Adequacy and the Regulation of Financial Intermediaries. *Journal of Banking and Finance*, 1977, 1: 207 – 218.

[93] Kane, E. J. Impact of Regulation on Economic Behavior. *Journal of Money, Credit, and Banking*, 1981, 9: 355 – 367.

[94] Kane E. J. A Six – Point Program for Deposit Insurance Reform. *Housing Finance Review*, 1985, 7: 269 – 278.

[95] Kahn, C., Santos, J. A. C. Allocating Bank Regulatory Powers: Lenders of Last Report, Deposit Insurance and Supervision. *Federal Reserve Bank of New York*, 2001.

[96] Kane E. J. Principal - Agent Problem in S&L Salvage. *Journal of Finance*, 1990, 45: 755-764.

[97] Kane, E. J., Kaufman, G. Incentive Conflict in Deposit Institution Regulation: Evidence from Australia. *Pacific - Basin Finance Journal*, 1993, 1: 13-29.

[98] Kane, E. J. Three Paradigms for the Role of Capitalization Requirements in Insured Financial Institutions. *Journal of Banking & Finance*, 1995, 19: 431-459.

[99] Kane E. J. Making Bank Risk Shifting More Transparent. *Pacific - Basin Finance Journal*, 1997, 5: 143-156.

[100] Kane E. J. Using Deferred Compensation to Strengthen the Ethics of Financial Regulation. *Journal of Banking and Finance*, 2002, 26: 1919-1933.

[101] Kareken, J. H., N. Wallace. Deposit Insurance and Bank Regulation: A Partial - Equilibrium Exposition. *Journal of Business*, 1978, 51: 413-438.

[102] Kareken, J. H. Federal Bank Regulatory Policy: A Description and Some Observations. *Journal of Business*, 1986, 59: 3-48.

[103] Kashyap, A. K., Rajan, R. G., Jeremy, C. S. Rethinking Capital Regulation. *NBER Working Paper*, 2008.

[104] Kaufman, G. G. Bank Failures, Systemic Risk, and Bank Regulation. *CATO*, 1996, 16: 17-451.

[105] Keeley, M. C. Deposit Insurance, Risk and Market Power in Banking. *American Economic Review*, 1990, 80: 1182-1201.

[106] Keeley, M. C., Furlong, F. T. A Re – examination of the Mean – Variance Analysis of Bank Capital Regulation. *Journal of Banking and Finance*, 1990, 14: 69 – 84.

[107] Kerfriden, C., Rochet, J. C. Actuarial Pricing of Deposit Insurance. *Geneva Papers on Risk and Insurance Theory*, 1993, 18 (2): 111 – 130.

[108] Kim, D., Santomero, A. M. Risk in Banking and Capital Regulation. *Journal of Finance*, 1988, 43: 1219 – 1233.

[109] Klein , F. Leffler. A Perspective on the Gap between Curriculum Theory and Practice. *Theory into Practice*, 1992, 31 (3): 191 – 197.

[110] Kobayakawa, S. Designing Incentive Compatible Regulation in Banking: The Role of Penalty in the Precommitment Approach. *Economic Policy Review*, 1998: 145 – 153.

[111] Koehn, M., Santomero, A. M. Regulation of Bank Capital and Portfolio Risk. *Journal of Finance*, 1980, 35: 1235 – 1244.

[112] Kose John, Saunders, A. Lemma W. Senbet. A Theory of Bank Regulation and Management Compensation. *The Review of Financial Studies*, 2000, 13 (1): 95 – 125.

[113] Kroszner, R. S., Rajan, R. Is the Glass – Steagall Act Justified? A Study of the US Experience with Universal Banking before 1933. *The American Economic Review*, 1994, 84: 810 – 832.

[114] Kroszner, R. S. The Political Economy of Banking and Financial Regulation in the United States. *The Banking and Financial Structure in the NAFTA Countries and Chile*. Von Furstenberg, George M., ed. Boston, Dordrecht and London: Kluwer Academic, 1997: 200 – 212.

[115] Krueger, A. The Political Economy of the Rent – Seeking Society. *American Economic Review*, 1974, 64: 291 – 303.

[116] Kupiec, P. H., Brien, J. M. O'Recent Developments in Bank Capital Regulation of Market Risks, Finance and Economics Discussion Series. *Board of Governors of the Federal Reserve System* (U. S.), 1995.

[117] Kupiec, P. H., Brien, J. M. O'The Pre – Commitment Approach: Using Incentives to Set Market Risk Capital Requirements. Federal Reserve Board. *Finance and Economics Discussion Series*, 1997, NO. 14.

[118] Laeven, L., Levine, R. Bank Governance, Regulation and Risk Taking. *Journal of Financial Economics*, 2009, 93: 259 – 275.

[119] Lam, Chun H., Andrew H. Chen. Joint Effects of Interest Rate Deregulation and Capital Requirements on Optimal Bank Portfolio Adjustments. *The Journal of Finance*, 1985: 40, 563 – 575.

[120] La Porta, Lopez-de-Silanes, Shleifer, A., Vishny, R. Law and Finance. *Journal of Political Economy*, 1998, 106: 1113 – 1155.

[121] Levine, R. The Corporate Governance of Banks: A Concise Discussion of Concepts and Evidence. *World Bank Policy Research Working Paper*, 2004, 3404.

[122] Levonian. Subordinated Debt and the Quality of Market Discipline in Banking. *Federal Reserve Bank of San Fmncisco*, 2001.

[123] Marcus, A. J. Deregulation and Bank Financial Policy. *Journal of Banking and Finance*, 1984, 8: 557 – 565.

[124] Marcus, A. J., Shaked, I. The Valuation of FDIC Deposit Insurance Using Option-Pricing Estimates. *Journal of Money, Credit and Banking*, 1984, 16 (4): 446 – 460.

[125] Marshalla, D. A., Prescott, E. S. State – Contingent Bank Regulation with Unobserved Actions and Unobserved Characteristics. *Journal of Economic Dynamics and Control*, 2006, 30: 2015 –2049.

[126] Martin, A. Liquidity Provision vs. Deposit Insurance: Preventing Bank Panics Without Moral Hazard. *Economic Theory*, 2006, 28: 197 –211.

[127] Matutes, C., Vives, X. Competition for Deposits, Fragility, and Insurance. *Journal of Financial Intermediation*, 1996, 5: 184 –216.

[128] Matutes, C., Vives, X. Imperfect Competition, Risk Taking and Regulation in Banking. *European Economic Review*, 1998, 44: 1 –34.

[129] Mayes, D. G. Cross – Border Financial Supervision in Europe: Goals and Transition Paths. *Sveriges Riksbank Economic Review*, 2006, 2: 58 –89.

[130] Mella – Barral, P., Fries, S., Perraudin, W. Optimal Bank Reorganisation and Fair Pricing of Deposit Guarantees. *Journal of Banking and Finance*, 1997, 21: 441 –468.

[131] Merton, R. C. On the Pricing of Corporate Debt: The Risk Structure of Interest Rates. *Journal of Finance*, 1974 (29): 449 –470.

[132] Merton, R. C. An Analytic Derivation of the Cost of Deposit Insurance and Loan Guarantees. *Journal of Banking and Finance*, 1977, 1: 3 –11.

[133] Merton, R. C. On the Cost of Deposit Insurance When There Are Surveillance Costs. *Journal of Business*, 1978, 51: 439 –452.

[134] Merton, R. C. A Functional Perspective of Financial Intermediation . *Financial Management*, 1995, 24: 23 –41.

[135] Milne, A. Whalley, A. E. *Bank Capital Regulation and Incentives for Risk-Taking*. London: City University Business School, 2001.

[136] Milne, A. Bank Capital Regulation as an Incentive Mechanism: Implications for Portfolio Choice. *Journal of Banking and Finance*, 2002, 26: 1 – 23.

[137] Minsky, H. P. *The Financial – Instability Hypothesis: Capitalist Processes and the Behavior of the Economy*. Cambridge: Cambridge University Press, 1982.

[138] Morgan, D. P., Stiroch, K. J. Bond Market Discipline of Banks: Is the Market Tough Enough? *FRB of New York Staff Report*. NO. 95, 1999.

[139] Mullins, H. M., Pyle, D. H. Liquidation Costs and Risk – Based Bank Capital. *Journal of Banking and Finance*, 1994, 18 (1): 113 – 138.

[140] Nagarajan, S., Sealey, C. W. State-Contingent Regulation Mechanisms and Priced Deposit Insurance. *Journal of Banking and Finance*, 1998, 22: 1139 – 1156.

[141] Passmore, W., Sharpe, S. A. Optimal Bank Portfolios and the Gredit Crunch. *SSRN Working paper*, 1994.

[142] Pennacchi, G. G. Alternative Forms of Deposit Insurance: Pricing and Bank Incentive Issues, *Journal of Banking and Finance*, 1987, 11: 291 – 312.

[143] Pennacchi, G. Deposit Insurance, Bank Regulation, and Financial System Risks. *Journal of Monetary Economics*, 2006, 53: 1 – 30.

[144] Posner, R. Theories of Economic Regulation Bell. *Journal of Economics and Management Science*, 1974, 5: 335 – 358.

[145] Prescott, E. S. The Precommitment Approach in a Model of Regulatory Banking Capital. *Federal Reserve Bank of Richmond, Economic Quartierly*, 1997.

[146] Prescott, E. S. Computing Solutions to Moral – Hazard Programs Using the Dantzig – Wolfe Decompostion Algorithm. *Journal of Economic Dynamics and Control*, 2004, 28: 777 – 800.

[147] Prowse, S. Corporate Control in Commercial Banks. *Journal of Financial Research*, 1997, 20: 509.

[148] Repullo, R. Who Should Act as Lender of Last Resort? An Incomplete Contracts Model. *Journal of Money, Credit and Banking*, 1999.

[149] Rochet, J. C. Capital Requirements and the Behaviour of Commercial Banks. *European Economic Review*, 1992, 36: 1137 – 1178.

[150] Rochet, J. C. Efficient Pricing of Large Value Interbank Payment Systems. *The Journal of Money*, 2004, 28 (4): 733 – 762.

[151] Rochet. J. C., Tirole, J. Interbank Lending and Systemic Risk. *Journal of Money, Credit and Banking*. 1996, 28 (4): 733 – 762.

[152] Rochet , Vives. Coordination Failures and the Lender of Last Resort: Was Bagehot Right after All? *Journal of the European Economic Association*, 2004, 2 (6): 1116 – 1147.

[153] Ronn, E. I., Verma, A. K. Pricing Risk – adjusted Deposit Insurance: An Option-Based Model. *The Journal of Finance*, 1986, 41 (4): 871 – 895.

[154] Ross, S. The Economic Theory of Agency: The Principal's Problem. *American Economic Review*, 1973, 63: 134 – 139.

[155] Santomero, A. M. Insurers in a Changing and Competitive Financial Structure. *Journal of Economic and Literrature*, Symposium

on Financial Risk Management in Insurance Firms, 1991, 64 (4): 727 -732.

[156] Santos, J. A. C. Bank Capital and Equity Investment Regulations. *Journal of Banking and Finance*, 1999, 23: 1095 -1120.

[157] Schwartz, A. Financial Stability and the Federal Safety Net, *Restructuring Banking and Financial Services in America.* Washington, D. C.: American Enterprise Institute, 1988: 19 -30.

[158] Sebastian, S. Challenges Related to Financial Guarantee Insurance. *Financial Market Trends*, 81 -113.

[159] Sharpe, W. F. Bank Capital Adequacy, Deposit Insurance and Security Values. *Journal of Financial and Quantitative Analysis*, 1978, 13: 701 -718.

[160] Shleifer, A., Vishny, R. W. *The Grabbing Hand: Government Pathologies and their Cures.* Cambridge, MA: Harvard University Press, 1998.

[161] Spierings, R. Reflections on The Regulation of Financial Intermediaries. *Kyklos*, 1990, 43: 91 -109.

[162] Stiglitz, J. E., Weiss, A. Credit Rationing in Markets with Imperfect Information. *The American Economic Review.* 1981, 71 (3): 393 -410.

[163] Taylor, A. M. The Theory of Economic Regulation. *The Bell Journal of Economic and Management Science*, 1971, 2: 3 -21.

[164] Taylor, A. M. A Century of Purchasing-Power Parity. *The Review of Economics and Statistics*, 2002, 84: 139 -150.

[165] Thakor, A. V. The Design of Financial Systems: An Overview. *Journal of Banking and Finance*, 1996, 20: 917 -948.

[166] Thies, C., Gerlowski, D. Deposit Insurance: A History

of Failure. *Cato Journal*, 1989, 8 (3): 677 -693.

[167] Weinberg, J. Competition Among Bank Regulators. *Federal Reserve Bank of Richmond Economic Quarterly*, 2002, 88: 19 -36.

[168] Weisbrod, S. R., Lee, H., Rojas-Suarez, L. Bank Risk and The Declining Franchise Value of The Banking System in The United States and Japan. *IMF Working Paper*, 1992, 45: 1 -58

[169] Wheelock, D. Deposit Insurance and Bank Failures: New Evidence from the 1920s. *Economic Inquiry*, 1992, 30 (3): 530 -543.

中文文献

[1] 巴曙松．金融监管要激励相容．财经周刊，2003 (10)．

[2] 巴曙松．激励相容：新资本协议精髓．第一财经日报，2007 -03 -14.

[3] 巴曙松，邢毓静，朱元倩等．金融危机中的巴塞尔新资本协议：挑战与改进．北京：中国金融出版社，2010.

[4] 巴曙松．巴塞尔资本协议Ⅲ的新进展．中国金融，2010 (19 -20)．

[5] 陈冬华，陈信元，万华林．国有企业中的薪酬管制与在职消费．经济研究，2005 (2)．

[6] 陈菲，姜旭朝．中国银行监管效率改进趋势研究．中南财经政法大学学报，2009 (1)．

[7] 曹建华．资本监管与银行风险行为：一个理论模型．探索，2012 (2)．

[8] 曹艳华，牛筱颖．上市银行治理机制对风险承担的影响（2000—2007）．金融论坛，2009（1）．

[9] 曹廷求，郑录军，于建霞．政府股东、银行治理与中小商业银行风险控制．金融研究，2006（6）．

[10] 陈建梁，赵永伟．银行监管理论的最新发展．国际金融研究，1999（9）．

[11] 陈敬学．我国股份制商业银行资本充足率问题与对策研究．现代商贸工业，2009（2）．

[12] 陈学彬．中国商业银行薪酬激励机制分析．金融研究，2005（7）．

[13] 陈阳，熊鹏．美国金融监管预先承诺方法的经验与启示．国际金融与投资，2007（9）．

[14] 陈雨露，马勇．转轨经济中的银行监管代理关系与监管者自利．经济理论与经济管理，2007（7）．

[15] 陈珠明，陈建梁．对金融机构资本监管的激励相容机制—预先承诺制（PCA）的信息经济学分析．经济科学，2001（3）．

[16] 丁琳琳．基于激励相容的银行监管代理问题的机制探讨．天津商业大学学报，2008（5）．

[17] 董峭．国外金融监管经验对我国的启示．时代金融，2011（5）．

[18] 丁滟湫．我国上市银行资本充足率对效率的影响研究．南京：南京航空航天大学硕士学位论文，2011.

[19] 傅英略．激励相容：中国有效银行监管机制构建研究．吉林：吉林大学博士学位论文，2007.

[20] 葛兆强．公司治理与银行成长之关系探讨．财贸经济，2006（11）．

[21] 国晖．关于我国银行业激励相容的监管研究．上海经济研究，2009（1）．

[22] 荀开红．我国股份制商业银行薪酬构成及长期激励研究．国际金融研究，2004（11）．

[23] 苟骏．巴塞尔协议的风险补偿观及其对风险管理的创新．西南民族大学学报（人文社科版），2004（10）．

[24] 郭田勇．后危机时代我国金融宏观审慎监管问题的思考．中国市场，2010（6）．

[25] 郭新明．我国商业银行管理者薪酬“激励过度”的制度完善．上海金融，2009（11）．

[26] 何德旭，张雪兰．利益相关者治理与银行业的社会责任．金融研究，2009（8）．

[27] 黄金老．利率市场化与商业银行风险控制．经济研究，2001（1）．

[28] 何自云．激励相容：银行监管的发展方向．金融视点，2003（7）．

[29] 蒋海，钟琛，齐洁．对金融监管理论基础及其政策的反思．经济科学，2002（4）．

[30] 蒋海，刘少波．金融监管理论及其新进展．经济评论，2003（1）．

[31] 蒋海．金融监管中的激励冲突与调整．财经研究，2004（1）．

[32] 蒋海，刘少波．信息结构与金融监管激励：理论与政策含义．财经研究，2004（7）．

[33] 蒋海，萧松华，齐洁．金融监管效率的基石：激励相容的监管机制．当代经济科学，2004（4）．

[34] 蒋海，李赟宏．中国金融监管体制的变迁及改革路径

选择．广东金融学院学报．2009（5）．

［35］蒋海，朱滔，李东辉．监管、多重代理与商业银行治理的最优激励契约设计．经济研究，2010（4）．

［36］蒋海，罗贵君．逆周期宏观审慎银行监管研究评述．产经评论，2012（2）．

［37］蒋海，罗贵君，朱滔．中国上市银行资本缓冲的递周期性研究：1998—2011．金融研究．2012（9）．

［38］纪敏．激励相容：让金融监管效用最大化．上海证券报，2005－12－26.

［39］贾守乔．原则导向与市场纪律．经济发展研究，2009（3）．

［40］金雪军，李红坤．激励相容监管机制：银行业监管效率的基石．东南大学学报，2005（5）．

［41］李成，王菁．构建预先承诺制的激励相容监管机制的思考．金融教学与研究，2004（5）．

［42］类承曜．银行监管理论——一个文献综述．管理世界，2007（6）．

［43］李红坤．资本约束、激励相容与银行业监管．金融论坛，2007（5）．

［44］李华民．国有商业银行薪酬体制改革及激励目标改进．金融论坛，2003（3）．

［45］李克文，郑录军．高管人员激励机制与商业银行经营绩效．南开学报，2005（1）．

［46］李维安，曹廷求．商业银行公司治理：基于商业银行特殊性的研究．南开学报，2005（1）．

［47］李兴春．完善公司治理结构是商业银行管理改革的核心．现代管理科学，2007（11）．

[48] 李燕平，韩立岩．特许权价值、隐性保险与风险承担——中国银行业的经验分析．金融研究，2008（1）．

[49] 李赟宏，蒋海．中国金融安全网建设：理论回顾、国际经验与制度设计．南方金融，2009（6）．

[50] 廖岷．从美国次贷危机反思现代金融监管．国际经济评论，2008（4）．

[51] 刘晓勇．公司治理与有效银行监管问题研究．经济社会体制比较，2001（5）．

[52] 鲁志勇，于良春．银行激励相容监管的机制设计．经济理论与经济管理，2005（5）．

[53] 罗开位，连建辉．商业银行治理：一个新的解释框架——商业银行"契约型"治理的经济学分析．金融研究，2004（1）．

[54] 卜亚．激励相容：银行金融创新监管机制构建——理论综述及研究展望．技术经济与管理研究，2012（1）．

[55] 齐洁．金融监管的激励机制与制度安排研究．广州：暨南大学硕士论文，2003.

[56] 钱海刚等．我国银行业资本充足监管有效性分析——以上市银行为例．金融观察，2009（4）．

[57] 乔海曙，王军华．我国股份制商业银行薪酬激励有效性研究．金融论坛，2006（5）．

[58] 沙原．我国商业银行监管体制改革研究．南京：南京大学，2012.

[59] 邵正理，曾莉森，肖鹰．激励相容与银行监管，金融管理，2006（12）．

[60] 史蓉娟，刘慧侠，曹元元．浅析我国金融监管中激励相容制度的构建．内蒙古农业大学学报（社会科学版），2010

(5).

［61］宋士云. 中国金融监管体制现状与改革建议. 证券日报创业周刊.

［62］苏宁. 借鉴国际经验，加快建立适合中国国情的存款保险制度. 金融研究，2005（12）.

［63］武剑. 商业银行风险管理的十大长效机制. 金融理论与实践，2006（4）.

［64］王建军，林霄. 仅有显性存款保险制度是不够的——对我国建立存款保险制度的思考. 财经科学，2005（2）.

［65］王兆星. 国际银行监管改革对我国银行业的影响. 国际金融研究，2010（3）.

［66］王兆星，韩明智，王胜邦. 商业银行资本监管制度改革（三）. 中国金融，2010（3）.

［67］邢本秀，喻剑萍. 当前我国银行业监管中存在的问题及建议. 金融参考，2003（10）.

［68］谢平，许国平，李德. 运用信用评级原理加强金融监管. 管理世界，2001（1）.

［69］许友传. 信息披露、市场约束与银行风险承担行为. 财经研究，2009（12）.

［70］许友传，何佳. 不完全隐性保险政策与银行业风险承担行为. 金融研究，2008（1）.

［71］杨大光，朱贵云，武治国. 我国上市银行高管薪酬和经营绩效相关性研究. 金融论坛，2008（8）.

［72］张学陶，李豪杰. 我国上市银行公司治理对风险承担的影响研究. 求索，2009（10）.

［73］张强，奈桂荣. 银行监管的市场约束理论进展. 金融研究，2006（10）.

[74] 张维迎．博弈论与信息经济学．上海：格物出版社，上海三联书店，上海人民出版社，2004.

[75] 臧慧萍．金融监管理论的文献综述．经济论坛，2009（7）．

[76] 曾薇，陈收．信息结构、激励相容与我国银行监管目标的定位．求索，2011（11）．

[77] 周凤阳，张咏梅．论建立大集中的金融监管信息系统．金融参考，2003（10）．

[78] 邹永成．我国商业银行薪酬激励实证研究．农村金融研究，2009（3）．

[79] Freixas，X.，Rochet，J. C.（1997）《微观银行学》（中译本，由刘锡良主译），西南财经大学．

后 记

本书得到教育部人文社科基金“我国商业银行内部风险控制与外部监管的激励相容机制设计”（编号08JA790056）的资助，谨致谢忱。本课题的研究和成果的出版得到刘少波教授、冯邦彦教授、张捷教授及暨南大学金融系老师的大力支持和帮助，在此一并致谢。

课题组成员朱滔博士、孙犇博士、储著贞博士、罗贵君博士、魏巍博士及李赟宏、程筱芝、董汗青、骆开骋、叶康为、袁典、彭锡坤、杨牧等硕士研究生参与了本项目的研究，无论在数据资料的收集整理和分析，还是在书稿的修改、校对、排版及部分内容的研究与撰写上，都做了大量的工作，付出了艰辛的努力，使本书得以正式出版，在此向他们表示衷心的感谢。

另外，感谢我父母和所有帮助支持我的朋友及同仁。没有他们的支持，该研究是不可能完成的，本书也就不可能出版。

由于精力和能力有限，本书的错误和不足难免，敬请各位读者朋友及同仁批评指正。

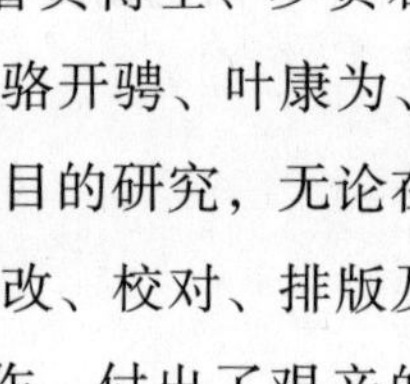